CLASSIQUES & CIE
LYCÉE

VICTOR HUGO

Pauca meæ
Livre IV
des *Contemplations*
(1856)

suivi d'une **anthologie sur la poésie du romantisme au surréalisme**

Collection dirigée par **Johan Faerber**

Édition annotée et dossier par **Michel Vincent**
Professeur des Universités

Hatier

Pauca meæ
Livre IV des Contemplations

3 QUESTIONS ***pour vous GUIDER***

Une rubrique, au fil du texte, pour vous aider à interpréter les poèmes clés et à acquérir des outils d'analyse.

 - ISBN 978-2-218-99749-5

Conception graphique de la maquette : c-album, Jean-Baptiste Tasine et Rachel Pfleger; Studio Favre & Lhaïk; dossier : Lauriane Tiberghien • Mise en pages : Chesteroc Ltd • Suivi éditorial : Charlotte Monnier.

L'anthologie sur **la poésie du romantisme au surréalisme**

La poésie romantique (1820-1850)

Trois poètes inclassables : Baudelaire, Rimbaud et Verlaine

La poésie symboliste (1886-1895)

La poésie de l'avant-garde (début du XXe siècle)

Le surréalisme et la poésie (1924-1966)

Le dossier

REPÈRES CLÉS

POUR SITUER L'ŒUVRE

FICHES DE LECTURE

POUR APPROFONDIR SA LECTURE

THÈME ET DOCUMENTS

POUR COMPARER

Thème > **Survivre à la mort d'un enfant**

Pauca meæ

Livre IV des *Contemplations*

Ces deux mots latins font référence à la dixième *Bucolique* de Virgile (70-19 av. J.-C.) : « *Pauca* (sous-entendu : *carmina*) *meo Gallo...* ». Ils peuvent se traduire : « Quelques (*pauca*) vers (*carmina*), pour ma fille tant aimée (*meae*) ».

Pauca meae compte dix-huit poèmes et non dix-sept. Il faut en effet compter comme poème la date du « 4 septembre 1843 », suivie de sa ligne en pointillé. Hugo le fait figurer pour dire son impossibilité d'écrire sous la violence du malheur qui le frappe. Ce poème, en forme de non poème, est celui du désespoir absolu.

Pour un meilleur repérage, les trois pastilles, au bas de certaines pages, indiquent que le poème se poursuit au verso.

I

Pure Innocence ! Vertu sainte[1] !
Ô les deux sommets d'ici-bas !
Où croissent, sans ombre et sans crainte,
Les deux palmes[2] des deux combats !

Palme du combat Ignorance !
Palme du combat Vérité !
L'âme, à travers sa transparence,
Voit trembler leur double clarté.

Innocence ! Vertu ! sublimes
Même pour l'œil mort du méchant !
On voit dans l'azur ces deux cimes,
L'une au levant, l'autre au couchant.

Elles guident la nef[3] qui sombre ;
L'une est phare, et l'autre est flambeau ;
L'une a le berceau dans son ombre ;
L'autre en son ombre a le tombeau.

C'est sous la terre infortunée
Que commence, obscure à nos yeux,
La ligne de la destinée ;
Elles l'achèvent dans les cieux.

ooo

---

1. L'Innocence est incarnée par Léopoldine, et la Vertu, c'est-à-dire le courage, par Charles qui se noya en tentant de sauver sa jeune femme. L'Innocence et la Vertu sont aussi chez Hugo des voies d'accès à la connaissance.

2. Palmes : feuilles de palmier, ici symboles de la victoire.

3. La nef : le bateau.

Elles montrent, malgré les voiles
Et l'ombre du fatal milieu,
Nos âmes touchant les étoiles
Et la candeur mêlée au bleu.

Elles éclairent les problèmes ;
Elles disent le lendemain ;
Elles sont les blancheurs suprêmes
De tout le sombre gouffre humain.

L'archange[1] effleure de son aile
Ce faîte[2] où Jéhovah[3] s'assied ;
Et sur cette neige éternelle
On voit l'empreinte d'un seul pied.

Cette trace qui nous enseigne,
Ce pied blanc, ce pied fait de jour,
Ce pied rose, hélas ! car il saigne,
Ce pied nu, c'est le tien, amour !

Janvier 1843.

1. **Archange** : dans la théologie chrétienne, être spirituel, intermédiaire entre Dieu et l'homme ; il est au-dessus de l'ange.

2. **Faîte** : sommet.

3. **Jéhovah** : Dieu dans l'Ancien Testament.

II

15 février 1843[1]

Aime celui qui t'aime, et sois heureuse en lui.
– Adieu ! – Sois son trésor, ô toi qui fus le nôtre !
Va, mon enfant béni, d'une famille à l'autre.
Emporte le bonheur et laisse-nous l'ennui !

Ici, l'on te retient ; là-bas, on te désire.
Fille, épouse, ange, enfant, fais ton double devoir.
Donne-nous un regret, donne-leur un espoir,
Sors avec une larme ! entre avec un sourire !

Dans l'église, 15 février 1843.

III

4 septembre 1843[2]

....

1. Jour du mariage de Léopoldine et de Charles Vacquerie, en l'église parisienne Saint-Paul dans le 4e arrondissement (qui était la paroisse de Victor Hugo).

2. Jour du mariage de Léopoldine et de Charles Vacquerie, en l'église parisienne Saint-Paul dans le 4e arrondissement (qui était la paroisse de Victor Hugo).

IV

Trois ans après

Il est temps que je me repose ;
Je suis terrassé par le sort.
Ne me parlez pas d'autre chose
Que des ténèbres où l'on dort !

Que veut-on que je recommence ?
Je ne demande désormais
À la création immense
Qu'un peu de silence et de paix !

Pourquoi m'appelez-vous encore ?
J'ai fait ma tâche et mon devoir.
Qui[1] travaillait avant l'aurore,
Peut s'en aller avant le soir[2].

À vingt ans[3], deuil et solitude !
Mes yeux, baissés vers le gazon,
Perdirent la douce habitude
De voir ma mère à la maison.

Elle nous quitta pour la tombe ;
Et vous savez bien qu'aujourd'hui
Je cherche, en cette nuit qui tombe,
Un autre ange[4] qui s'est enfui !

---

1. Qui : celui qui (il s'agit évidemment du poète).

2. Aurore, soir : ces deux mots ont un sens métaphorique ; le « soir » désigne la fin de vie ; Hugo souhaite mourir, même s'il entre dans sa pleine maturité. « Aurore » s'explique par le fait que Hugo a commencé à écrire et publier jeune.

3. Hugo perdit sa mère le 27 juin 1821. Né le 26 février 1802, il entrait alors dans sa vingtième année.

4. Un autre ange : Léopoldine.

Vous savez que je désespère,
Que ma force en vain se défend,
Et que je souffre comme père,
Moi qui souffris tant comme enfant !

Mon œuvre n'est pas terminée,
Dites-vous. Comme Adam banni[1],
Je regarde ma destinée
Et je vois bien que j'ai fini.

L'humble enfant que Dieu m'a ravie[2]
Rien qu'en m'aimant savait m'aider ;
C'était le bonheur de ma vie
De voir ses yeux me regarder.

Si ce Dieu n'a pas voulu clore
L'œuvre qu'il me fit commencer,
S'il veut que je travaille encore,
Il n'avait qu'à me la laisser !

Il n'avait qu'à me laisser vivre
Avec ma fille à mes côtés,
Dans cette extase où je m'enivre
De mystérieuses clartés !

Ces clartés, jour d'une autre sphère,
Ô Dieu jaloux, tu nous les vends !
Pourquoi m'as-tu pris la lumière
Que j'avais parmi les vivants ?

ooo

1. Adam, chassé du paradis terrestre, doit dès lors travailler pour subsister. Chassé du paradis qu'était pour lui sa fille, Hugo ne se sent plus la force de continuer à travailler.

2. Ravie : enlevée.

As-tu donc pensé, fatal maître,
Qu'à force de te contempler,
Je ne voyais plus ce doux être,
Et qu'il pouvait bien s'en aller ?

T'es-tu dit que l'homme, vaine ombre,
Hélas ! perd son humanité
À trop voir cette splendeur sombre
Qu'on appelle la vérité ?

Qu'on peut le frapper sans qu'il souffre,
Que son cœur est mort dans l'ennui,
Et qu'à force de voir le gouffre,
Il n'a plus qu'un abîme en lui ?

Qu'il va, stoïque[1], où tu l'envoies,
Et que désormais, endurci,
N'ayant plus ici-bas de joies,
Il n'a plus de douleurs aussi ?

As-tu pensé qu'une âme tendre
S'ouvre à toi pour se mieux fermer,
Et que ceux qui veulent comprendre
Finissent par ne plus aimer ?

Ô Dieu ! vraiment, as-tu pu croire
Que je préférais, sous les cieux,
L'effrayant rayon de ta gloire
Aux douces lueurs de ses yeux ?

Si j'avais su tes lois moroses[2],
Et qu'au même esprit enchanté
Tu ne donnes point ces deux choses,
Le bonheur et la vérité,

---

1. Stoïque : ferme et héroïque.

2. Moroses : sombres.

Plutôt que de lever tes voiles,
Et de chercher, cœur triste et pur,
À te voir au fond des étoiles,
Ô Dieu sombre d'un monde obscur,

J'eusse aimé mieux[1], loin de ta face,
Suivre, heureux, un étroit chemin,
Et n'être qu'un homme qui passe
Tenant son enfant par la main !

Maintenant, je veux qu'on me laisse !
J'ai fini ! le sort est vainqueur.
Que vient-on rallumer sans cesse
Dans l'ombre qui m'emplit le cœur ?

Vous[2] qui me parlez, vous me dites
Qu'il faut, rappelant ma raison,
Guider les foules décrépites[3]
Vers les lueurs de l'horizon ;

Qu'à l'heure où les peuples se lèvent,
Tout penseur suit un but profond ;
Qu'il se doit à tous ceux qui rêvent,
Qu'il se doit à tous ceux qui vont !

Qu'une âme, qu'un feu pur anime,
Doit hâter, avec sa clarté,
L'épanouissement sublime
De la future humanité ;

ooo

1. **J'eusse aimé mieux** : j'aurais mieux aimé.

2. **Vous** : interlocuteur fictif, qui dans ce quatrain et ceux qui suivent, rappelle à Hugo ce que sont la mission et la fonction du poète.

3. **Décrépites** : vieillies et accablées.

Qu'il faut prendre part, cœurs fidèles,
Sans redouter les océans,
Aux fêtes des choses nouvelles,
Aux combats des esprits géants !

Vous voyez des pleurs sur ma joue,
Et vous m'abordez mécontents,
Comme par le bras on secoue
Un homme qui dort trop longtemps.

Mais songez à ce que vous faites !
Hélas ! cet ange au front si beau,
Quand vous m'appelez à vos fêtes,
Peut-être a froid dans son tombeau.

Peut-être, livide et pâlie,
Dit-elle dans son lit étroit :
« Est-ce que mon père m'oublie
Et n'est plus là, que j'ai si froid ? »

Quoi ! lorsqu'à peine je résiste
Aux choses dont je me souviens,
Quand je suis brisé, las et triste,
Quand je l'entends qui me dit : « Viens ! »

Quoi ! vous voulez que je souhaite,
Moi, plié par un coup soudain,
La rumeur qui suit le poëte[1],
Le bruit que fait le paladin[2] !

---

1. Poëte : ancienne graphie de « poète », qui annonce la référence au « paladin » au vers suivant.

2. Paladin : chevalier errant du Moyen Âge en quête d'exploits.

Vous voulez que j'aspire encore
Aux triomphes doux et dorés !
Que j'annonce aux dormeurs l'aurore !
Que je crie : « Allez ! espérez ! »

Vous voulez que, dans la mêlée,
Je rentre ardent parmi les forts,
Les yeux à la voûte étoilée... –
Oh ! l'herbe épaisse où sont les morts !

Novembre 1846.

Poème IV

Trois ans après

1

Quelle signification donner au titre du poème et à la place de ce dernier dans le recueil ?

• Daté de « novembre 1846 », le poème est composé « trois ans après » la mort de tragique de Léopoldine.
• Le poème vient « après » la ligne de points du « 4 septembre 1843 » illustrant l'impuissance du poète à écrire. Entre ces deux textes, « trois ans » de silence s'écoulent donc.
• L'emploi absolu de la préposition « après » (il n'est pas précisé « après » quoi) montre que le décès de Léopoldine reste si vivace qu'il est inutile de le mentionner.

2

Quels sont les principaux thèmes du poème ?

Le poème, qui appartient au genre de l'élégie, recouvre trois thèmes :
• Le renoncement à l'écriture et le désir de mourir tant est fort le désespoir.
• L'injustice des deuils douloureusement vécus : de sa mère naguère et de sa fille « aujourd'hui (v. 18) ».
• La révolte contre Dieu, qui semble faire payer au poète ses dons, comme si la quête de la vérité était incompatible avec le bonheur.

3

Quel est le mouvement du poème ?

• Strophes 1 à 3 (v. 1-12) : incapacité du poète à continuer à créer.
• Strophes 4 à 7 (v. 13-28) : la perte de sa mère puis de sa fille l'accable sans fin. C'en est trop et c'en est fini pour lui.
• Strophes 8 à 17 (v. 29-68) : la perte de sa fille provoque sa révolte contre Dieu.
• Strophes 18 à 28 (v. 69-112) : s'il avait su qu'il fallait choisir entre le bonheur et la vérité, il aurait choisi le bonheur. Hugo poète préfère renoncer à sa mission prophétique.
• Strophes 29 à 32 (v. 113-128) : Hugo ne peut poursuivre sa mission comme auparavant : il souhaite mourir.

DÉFINITION CLÉ

Qu'est-ce que l'élégie ?

Provenant du grec *elegos*, signifiant « plainte », l'élégie est un poème lyrique fondé sur le thème du malheur, quelle qu'en soit la nature (amours contrariées ou, comme ici, la perte d'un être cher).

V

Oh ! je fus comme fou dans le premier moment,
Hélas ! et je pleurai trois jours amèrement.
Vous tous à qui Dieu prit votre chère espérance,
Pères, mères, dont l'âme a souffert ma souffrance,
Tout ce que j'éprouvais, l'avez-vous éprouvé ?
Je voulais me briser le front sur le pavé ;
Puis je me révoltais, et, par moments, terrible,
Je fixais mes regards sur cette chose horrible,
Et je n'y croyais pas, et je m'écriais : Non !
– Est-ce que Dieu permet de ces malheurs sans nom
Qui font que dans le cœur le désespoir se lève ? –
Il me semblait que tout n'était qu'un affreux rêve,
Qu'elle ne pouvait pas m'avoir ainsi quitté,
Que je l'entendais rire en la chambre à côté,
Que c'était impossible enfin qu'elle fût morte,
Et que j'allais la voir entrer par cette porte !

Oh ! que de fois j'ai dit : Silence ! elle a parlé !
Tenez ! voici le bruit de sa main sur la clé !
Attendez ! elle vient ! laissez-moi, que j'écoute !
Car elle est quelque part dans la maison sans doute !

Jersey, Marine-Terrace, 4 septembre 1852[1].

1. Marine-Terrace où demeure Hugo à Jersey. La date est celle du neuvième anniversaire du décès de Léopoldine.

Poème V

« Oh ! je fus comme fou... »

1

Comment s'exprime l'intensité de la douleur du père ?

- Par une comparaison initiale qui montre le chancellement de l'esprit : « je fus comme fou » (v. 1) ; et par la durée du choc ressenti : « je pleurai trois jours amèrement » (v. 2).
- Par l'universalité de l'expérience : la douleur de Hugo se confond avec celle de tous les parents ayant perdu un enfant (v. 3-5).
- Par la tentation du suicide (v. 6).

2

Quelles sont les réactions d'Hugo ?

- La révolte métaphysique : comment la bonté de Dieu peut-elle permettre « ces malheurs sans nom » (v. 10) ?
- Le poète se pose des questions oratoires.
- L'incrédulité et le déni de réalité : « Il me semblait que tout n'était qu'un affreux rêve » (v. 12). Le champ lexical de la dénégation : « ne pouvait pas » (v. 13) ; « impossible » (v. 15).
- Le délire : « J'allais la voir entrer par cette porte » (v. 16).

3

Comment interpréter le blanc qui sépare les quatre derniers vers du reste du poème ?

- Ce blanc marque le retour du réel ; il est source de tant de souffrances que le poète en devient muet – comme dans le poème III.
- Mais, à la différence du poème III, la tragédie est niée dans un retour du délire, proche cette fois de la folie. Les impératifs sont moins des ordres que des cris (v. 18, 19) : « Car elle est quelque part dans la maison sans doute ! » (v. 20). La douleur atteint ici son intensité maximale. La raison du poète en vacille.

DÉFINITION CLÉ

La question oratoire

Une question (une interrogation) est dite « oratoire » lorsque le locuteur (« je ») n'attend pas de réponse de la part de ceux auxquels il s'adresse : soit parce qu'il y répond lui-même, soit parce que la réponse est implicitement évidente, comme c'est le cas dans ce poème (v. 3-5 ; v. 10-11).

VI

Elle avait pris ce pli[1] dans son âge enfantin
De venir dans ma chambre un peu chaque matin ;
Je l'attendais ainsi qu'un rayon qu'on espère ;
Elle entrait, et disait : « Bonjour, mon petit père » ;
Prenait ma plume, ouvrait mes livres, s'asseyait
Sur mon lit, dérangeait mes papiers, et riait,
Puis soudain s'en allait comme un oiseau qui passe.
Alors, je reprenais, la tête un peu moins lasse,
Mon œuvre interrompue, et, tout en écrivant,
Parmi mes manuscrits je rencontrais souvent
Quelque arabesque[2] folle et qu'elle avait tracée,
Et mainte page blanche entre ses mains froissée
Où, je ne sais comment, venaient mes plus doux vers.
Elle aimait Dieu, les fleurs, les astres, les prés verts,
Et c'était un esprit avant d'être une femme.
Son regard reflétait la clarté de son âme.
Elle me consultait sur tout à tous moments.
Oh ! que de soirs d'hiver radieux et charmants
Passés à raisonner langue, histoire et grammaire,
Mes quatre enfants[3] groupés sur mes genoux, leur mère
Tout près, quelques amis causant au coin du feu !
J'appelais cette vie être content de peu !

ooo

1. Pli : habitude.

2. Arabesque : dessin aux lignes sinueuses.

3. Il s'agit des deux filles d'Hugo, Léopoldine et Adèle, et de ses deux fils, Charles et François-Victor.

Et dire qu'elle est morte ! hélas ! que Dieu m'assiste !
Je n'étais jamais gai quand je la sentais triste ;
J'étais morne[1] au milieu du bal le plus joyeux
Si j'avais, en partant, vu quelque ombre en ses yeux.

Novembre 1846, jour des morts[2].

VII

Quand nous habitions tous ensemble
Sur nos collines d'autrefois[3],
Où l'eau court, où le buisson tremble,
Dans la maison qui touche aux bois,

Elle avait dix ans[4], et moi trente ;
J'étais pour elle l'univers.
Oh ! comme l'herbe est odorante
Sous les arbres profonds et verts !

Elle faisait mon sort prospère,
Mon travail léger, mon ciel bleu.
Lorsqu'elle me disait : Mon père,
Tout mon cœur s'écriait : Mon Dieu !

1. **Morne** : triste.
2. Le 2 novembre.
3. Allusion probable à la maison des Roches où Hugo et sa famille séjournèrent en 1834 et 1835.
4. Léopoldine était née le 28 août 1824.

À travers mes songes sans nombre.
J'écoutais son parler[1] joyeux,
Et mon front s'éclairait dans l'ombre
À la lumière de ses yeux.

Elle avait l'air d'une princesse
Quand je la tenais par la main ;
Elle cherchait des fleurs sans cesse
Et des pauvres dans le chemin.

Elle donnait comme on dérobe,
En se cachant aux yeux de tous.
Oh ! la belle petite robe
Qu'elle avait, vous rappelez-vous ?

Le soir, auprès de ma bougie,
Elle jasait[2] à petit bruit,
Tandis qu'à la vitre rougie
Heurtaient les papillons de nuit.

Les anges se miraient en elle.
Que son bonjour était charmant !
Le ciel mettait dans sa prunelle
Ce regard qui jamais ne ment.

Oh ! je l'avais, si jeune encore,
Vue apparaître en mon destin[3] !
C'était l'enfant de mon aurore,
Et mon étoile du matin !

ooo

1. Parler : ce que Léopoldine disait.

2. Jasait : babillait sans cesse.

3. Hugo est père a l'âge de 22 ans (d'où l'expression « si jeune ») ; « destin » a le sens d'« existence ».

Quand la lune claire et sereine
Brillait aux cieux, dans ces beaux mois,
Comme nous allions dans la plaine !
Comme nous courions dans les bois !

Puis, vers la lumière isolée
Étoilant le logis obscur,
Nous revenions par la vallée
En tournant le coin du vieux mur ;

Nous revenions, cœurs pleins de flamme,
En parlant des splendeurs du ciel.
Je composais cette jeune âme
Comme l'abeille fait son miel.

Doux ange aux candides pensées,
Elle était gaie en arrivant… –
Toutes ces choses sont passées
Comme l'ombre et comme le vent !

Villequier[1], 4 septembre 1844.

1. Villequier : dans la basse vallée de la Seine, où s'est noyée Léopoldine le 4 septembre 1843. Les Vacquerie y possédaient une maison de campagne, laquelle est aujourd'hui le musée Victor Hugo.

Poème VII

« Quand nous habitions tous ensemble... »

1

Qu'est-ce qui fait de ce poème un poème du souvenir ?

• Le recours systématique à l'imparfait de l'indicatif, qui renvoie à un temps révolu.
• Le retour sur une période heureuse, quand « elle avait dix ans, et moi trente » (v. 5).
• La tonalité nostalgique du poème et sa note finale, pathétique dans sa sobriété même : « Toutes ces choses sont passées/ Comme l'ombre et comme le vent ! » (v. 51-52).

2

Quel portrait de Léopoldine dessine le poème ?

• Aucun portrait physique ; seul son âge est indiqué (« dix ans », v. 5).
• Le portrait moral est en revanche très développé : sont mises en valeur : sa joie de vivre et sa capacité à donner de la joie ; sa générosité discrète, son innocence.
• À mesure que se développe le poème, on assiste à sa divinisation progressive : « Les anges se miraient en elle » (v.29) ; « Doux ange... » (v. 49). Elle est celle dont la présence réalise l'harmonie du monde (de la nature), des hommes et du ciel.

3

Comment caractériser les relations entre le père et la fille ?

• Pour le père : elle est tout. Elle allège son travail, elle est son bonheur : « C'était l'enfant de mon aurore,/ Et mon étoile du matin » (v. 35-36).
Pour la fille : son père est tout : « J'étais pour elle l'univers » (v. 6).
• Il est son guide et plus encore celui qui la façonne : « Je composais cette jeune âme/ Comme l'abeille fait son miel » (v. 47-48).
• Le parallélisme des vers : « Lorsqu'elle me disait : Mon père,/ Tout mon cœur s'écriait : Mon Dieu ! » (v. 11-12) indique leur entente spontanée, chacun s'adressant à son « père ».

DÉFINITION CLÉ

La phrase exclamative

Le poème comporte de nombreuses phrases exclamatives. L'exclamation traduit l'intensité d'une émotion. Elle est à ce titre intimement liée au lyrisme, expression de la subjectivité d'un « je ».

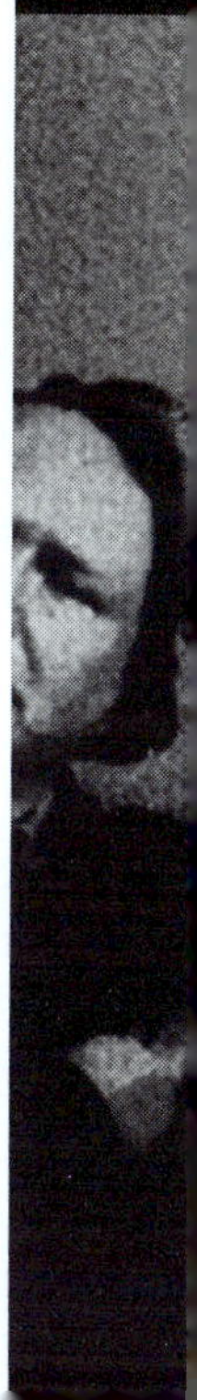

VIII

Elle était pâle, et pourtant rose,
Petite avec de grands cheveux.
Elle disait souvent : Je n'ose,
Et ne disait jamais : Je veux.

Le soir, elle prenait ma Bible
Pour y faire épeler sa sœur[1],
Et, comme une lampe paisible,
Elle éclairait ce jeune cœur.

Sur le saint livre que j'admire
Leurs yeux purs venaient se fixer ;
Livre où l'une apprenait à lire,
Où l'autre apprenait à penser !

Sur l'enfant, qui n'eût pas lu[2] seule,
Elle penchait son front charmant,
Et l'on aurait dit une aïeule[3],
Tant elle parlait doucement !

Elle lui disait : « Sois bien sage ! »
Sans jamais nommer le démon ;
Leurs mains erraient de page en page
Sur Moïse[4] et sur Salomon[5],

1. Sa sœur : Adèle, née le 28 juillet 1830.

2. Qui n'eût pas lu : qui n'aurait pas lu.

3. Aïeule : grand-mère.

4. Moïse : personnage biblique qui, selon l'Ancien Testament, guida les Hébreux hors d'Égypte, où ils étaient en esclavage, vers la Terre promise de Palestine.

5. Salomon : roi d'Israël, célèbre pour sa sagesse.

Sur Cyrus[1] qui vint de la Perse,
Sur Moloch[2] et Léviathan[3],
Sur l'enfer que Jésus traverse,
Sur l'éden[4] où rampe Satan !

Moi, j'écoutais... – Ô joie immense
De voir la sœur près de la sœur !
Mes yeux s'enivraient en silence
De cette ineffable douceur.

Et, dans la chambre humble et déserte,
Où nous sentions, cachés tous trois,
Entrer par la fenêtre ouverte
Les souffles des nuits et des bois,

Tandis que, dans le texte auguste[5],
Leurs cœurs, lisant avec ferveur,
Puisaient le beau, le vrai, le juste,
Il me semblait, à moi, rêveur,

Entendre chanter des louanges
Autour de nous, comme au saint lieu[6],
Et voir sous les doigts de ces anges
Tressaillir le livre de Dieu !

Octobre 1846.

1. **Cyrus le Grand** : roi de Babylone.
2. **Moloch** : idole païenne que Dieu interdit aux Hébreux d'adorer.
3. **Léviathan** : monstre marin, souvent associé à la Bête terrifiante mentionnée dans l'Apocalypse de saint Jean (dans la Bible).
4. **L'éden** : le paradis terrestre.
5. **Auguste** : vénérable, sacré ; ici, le « texte auguste » désigne la Bible.
6. **Le saint lieu** : l'église.

IX

À qui donc sommes-nous ? Qui nous a ? qui nous mène ?
Vautour fatalité, tiens-tu la race humaine ?
Oh ! parlez, cieux vermeils[1],
L'âme sans fond tient-elle aux étoiles sans nombre ?
Chaque rayon d'en haut est-il un fil de l'ombre
Liant l'homme aux soleils ?

Est-ce qu'en nos esprits, que l'ombre a pour repaires,
Nous allons voir rentrer les songes de nos pères ?
Destin, lugubre assaut !
Ô vivants, serions-nous l'objet d'une dispute ?
L'un veut-il notre gloire, et l'autre notre chute ?
Combien sont-ils là-haut[2] ?

Jadis, au fond du ciel, aux yeux du mage sombre[3],
Deux joueurs effrayants apparaissaient dans l'ombre.
Qui craindre ? qui prier ?
Les Manès[4] frissonnants, les pâles Zoroastres[5]
Voyaient deux grandes mains qui déplaçaient les astres
Sur le noir échiquier.

Songe horrible ! le bien, le mal, de cette voûte
Pendent-ils sur nos fronts ? Dieu, tire-moi du doute !

---

1. Vermeils : de couleur rouge (au coucher du soleil).

2. Ce sizain fait référence au manichéisme, doctrine selon laquelle deux forces d'égale intensité, le Bien et le Mal, s'affrontent en l'homme.

3. Mage sombre : le dieu des Ténèbres, symbole du Mal, dans les traditions orientales et moyen-orientales.

4. Manès : fondateur au IIIe siècle du manichéisme.

5. Zoroastre : prophète et réformateur religieux iranien du VIe siècle, professant une conception dualiste du monde (l'existence du Bien et du Mal) et insistant sur la notion de choix moral.

Ô sphinx[1], dis-moi le mot !
Cet affreux rêve pèse à nos yeux qui sommeillent,
Noirs vivants ! Heureux ceux qui tout à coup s'éveillent
Et meurent en sursaut !

Villequier[2], 4 septembre 1845.

X

Ô souvenirs ! printemps ! aurore !
Doux rayon triste et réchauffant !
– Lorsqu'elle était petite encore,
Que sa sœur[3] était tout enfant... –

Connaissez-vous, sur la colline
Qui joint Montlignon à Saint-Leu[4],
Une terrasse qui s'incline
Entre un bois sombre et le ciel bleu ?

C'est là que nous vivions. – Pénètre,
Mon cœur, dans ce passé charmant ! –
Je l'entendais sous ma fenêtre
Jouer le matin doucement.

ooo

1. **Sphinx** : dans la mythologie grecque, symbole même de l'énigme (de l'homme, du monde).

2. **Villequier** : dans la basse vallée de la Seine, où s'est noyée Léopoldine le 4 septembre 1843. Les Vacquerie y possédaient une maison de campagne, laquelle est aujourd'hui le musée Victor Hugo.

3. **Sa sœur** : Adèle, née en 1830, six ans après Léopoldine.

4. Montlignon et Saint-Leu (dans l'actuel département du Val d'Oise), près de Saint-Prix où, dans le château de La Terrasse, la famille Hugo avait séjourné durant les étés de 1840 à 1842.

Elle courait dans la rosée,
Sans bruit, de peur de m'éveiller ;
Moi, je n'ouvrais pas ma croisée[1],
De peur de la faire envoler.

Ses frères[2] riaient… – Aube pure !
Tout chantait sous ces frais berceaux,
Ma famille avec la nature,
Mes enfants avec les oiseaux ! –

Je toussais, on devenait brave.
Elle montait à petits pas,
Et me disait d'un air très grave :
« J'ai laissé les enfants en bas. »

Qu'elle fût bien ou mal coiffée,
Que mon cœur fût triste ou joyeux,
Je l'admirais. C'était ma fée,
Et le doux astre de mes yeux !

Nous jouions toute la journée.
Ô jeux charmants ! chers entretiens !
Le soir, comme elle était l'aînée,
Elle me disait : « Père, viens !

» Nous allons t'apporter ta chaise,
» Conte-nous une histoire, dis ! » –
Et je voyais rayonner d'aise
Tous ces regards du paradis.

1. Croisée : fenêtre.
2. Ses frères : Charles, né en 1826, et François-Victor, né en 1828.

Alors, prodiguant les carnages[1],
J'inventais un conte profond
Dont je trouvais les personnages
Parmi les ombres du plafond.

Toujours, ces quatre douces têtes
Riaient, comme à cet âge on rit,
De voir d'affreux géants très-bêtes[2]
Vaincus par des nains pleins d'esprit.

J'étais l'Arioste[3] et l'Homère[4]
D'un poëme[5] éclos d'un seul jet ;
Pendant que je parlais, leur mère
Les regardait rire, et songeait.

Leur aïeul[6], qui lisait dans l'ombre,
Sur eux parfois levait les yeux,
Et moi, par la fenêtre sombre
J'entrevoyais un coin des cieux !

Villequier[7], 4 septembre 1846.

1. **Prodiguant les carnages** : inventant à foison des récits de bataille.

2. **Très-bêtes** : le trait d'union donne une valeur intensive à « bêtes ».

3. **L'Arioste** : auteur italien du XVIe siècle, auteur du poème héroï-comique *Roland furieux*.

4. **Homère** : poète grec du VIIIe siècle avant notre ère et auteur des épopées *L'Iliade* et *L'Odyssée*.

5. **Poëme** : vielle orthographe de « poème », datant du Moyen Âge.

6. **Aïeul** : leur grand-père maternel (le père d'Hugo étant décédé en 1828).

7. **Villequier** : dans la basse vallée de la Seine, où s'est noyée Léopoldine le 4 septembre 1843. Les Vacquerie y possédaient une maison de campagne, laquelle est aujourd'hui le musée Victor Hugo.

XI

Pendant que le marin, qui calcule et qui doute,
Demande son chemin aux constellations ;
Pendant que le berger, l'œil plein de visions,
Cherche au milieu des bois son étoile et sa route ;
Pendant que l'astronome, inondé de rayons,

Pèse un globe à travers des millions de lieues,
Moi, je cherche autre chose en ce ciel vaste et pur.
Mais que ce saphir sobre est un abîme obscur !
On ne peut distinguer, la nuit, les robes bleues
Des anges frissonnants qui glissent dans l'azur.

Avril 1847.

XII

On vit, on parle, on a le ciel et les nuages
Sur la tête ; on se plaît aux livres des vieux sages ;
On lit Virgile[1] et Dante[2] ; on va joyeusement
En voiture publique à quelque endroit charmant,
En riant aux éclats de l'auberge et du gîte ;
Le regard d'une femme en passant vous agite ;
On aime, on est aimé, bonheur qui manque aux rois !
On écoute le chant des oiseaux dans les bois ;
Le matin, on s'éveille, et toute une famille
Vous embrasse, une mère, une sœur, une fille !

---

1. Virgile : poète latin (70-19 av. J.-C.), auteur de *L'Énéide*, des *Géorgiques* et des *Bucoliques*, à qui Hugo emprunte le titre du Livre IV de ses *Contemplations* (voir p. 7).

2. Dante : poète italien (1265-1321) auteur de la *Divine Comédie*, vaste poème lyrique, où, guidé par Virgile, le poète raconte sa descente aux Enfers.

On déjeune en lisant son journal. Tout le jour
On mêle à sa pensée espoir, travail, amour ;
La vie arrive avec ses passions troublées ;
On jette sa parole aux sombres assemblées[1] ;
Devant le but qu'on veut et le sort qui vous prend,
On se sent faible et fort, on est petit et grand ;
On est flot dans la foule, âme dans la tempête ;
Tout vient et passe ; on est en deuil, on est en fête ;
On arrive, on recule, on lutte avec effort… –
Puis, le vaste et profond silence de la mort !

11 juillet 1846, en revenant du cimetière[2].

XIII

À quoi songeaient les deux cavaliers dans la forêt

La nuit était fort noire et la forêt très sombre.
Hermann[3] à mes côtés me paraissait une ombre.
Nos chevaux galopaient. À la garde de Dieu[4] !
Les nuages du ciel ressemblaient à des marbres.
Les étoiles volaient dans les branches des arbres
Comme un essaim[5] d'oiseaux de feu.

°°°

1. **Assemblées** : la Chambre des pairs, où Hugo a prononcé le 19 mars 1846 son premier discours politique.

2. Ce cimetière est celui de Saint-Mandé (dans la proche banlieue de Paris), où est définitivement inhumée Claire Pradier, la fille unique de Juliette Drouet, la maîtresse d'Hugo, décédée de la tuberculose le 21 juin 1846 et d'abord enterrée dans le cimetière d'Auteuil.

3. **Hermann** : personnage fictif et double d'Hugo.

4. **À la garde de Dieu** : à la grâce de Dieu.

5. **Essaim** : le mot, qui s'applique aux abeilles, fait ici image et suggère la grande quantité des « oiseaux de feu ».

Je suis plein de regrets. Brisé par la souffrance,
L'esprit profond d'Hermann est vide d'espérance.
Je suis plein de regrets. Ô mes amours, dormez !
Or, tout en traversant ces solitudes vertes,
Hermann me dit : « Je songe aux tombes entr'ouvertes ! »
Et je lui dis : « Je pense aux tombeaux refermés ! »

Lui regarde en avant : je regarde en arrière.
Nos chevaux galopaient à travers la clairière ;
Le vent nous apportait de lointains angelus[1] ;
Il dit : « Je songe à ceux que l'existence afflige,
» À ceux qui sont, à ceux qui vivent. – Moi », lui dis-je,
« Je pense à ceux qui ne sont plus ! »

Les fontaines chantaient. Que disaient les fontaines ?
Les chênes murmuraient. Que murmuraient les chênes ?
Les buissons chuchotaient comme d'anciens amis.
Hermann me dit : « Jamais les vivants ne sommeillent.
» En ce moment, des yeux pleurent, d'autres yeux veillent. »
Et je lui dis : « Hélas ! d'autres sont endormis ! »

Hermann reprit alors : « Le malheur, c'est la vie.
» Les morts ne souffrent plus. Ils sont heureux ! J'envie
» Leur fosse où l'herbe pousse, où s'effeuillent les bois[2].
» Car la nuit les caresse avec ses douces flammes ;
» Car le ciel rayonnant calme toutes les âmes
» Dans tous les tombeaux à la fois ! »

1. Angelus : dans la religion catholique, son de cloche annonçant le matin, le midi et le soir la prière à Marie.

2. Où s'effeuillent les bois : où les arbres des bois perdent leurs feuilles.

Et je lui dis : « Tais-toi ! respect au noir mystère !
» Les morts gisent couchés sous nos pieds dans la terre.
» Les morts, ce sont les cœurs qui t'aimaient autrefois !
» C'est ton ange expiré[1] ! c'est ton père et ta mère !
» Ne les attristons point par l'ironie amère.
» Comme à travers un rêve, ils entendent nos voix. »

Octobre 1853.

XIV

Veni, vidi, vixi[2]

J'ai bien assez vécu, puisque dans mes douleurs
Je marche sans trouver de bras qui me secourent,
Puisque je ris à peine aux enfants qui m'entourent,
Puisque je ne suis plus réjoui par les fleurs ;

Puisqu'au printemps, quand Dieu met la nature en fête,
J'assiste, esprit sans joie, à ce splendide amour ;
Puisque je suis à l'heure où l'homme fuit le jour,
Hélas ! et sent de tout la tristesse secrète ;

Puisque l'espoir serein dans mon âme est vaincu ;
Puisqu'en cette saison des parfums et des roses,
Ô ma fille ! j'aspire à l'ombre où tu reposes,
Puisque mon cœur est mort, j'ai bien assez vécu.

ooo

1. « L'ange expiré » désigne ici le premier fils du poète, Léopold, mort le 10 octobre 1823, à l'âge de trois mois.

2. Pour expliquer la rapidité de ses victoires, Jules César eut cette formule : « *Veni, vidi, vici* » (« je suis venu, j'ai vu, j'ai vaincu »). Hugo parodie la formule en remplaçant « *vici* » par « *vixi* » (« j'ai vécu », donc : je suis mort).

Je n'ai pas refusé ma tâche sur la terre.
Mon sillon ? Le voilà. Ma gerbe[1] ? La voici.
J'ai vécu souriant, toujours plus adouci,
Debout, mais incliné du côté du mystère.

J'ai fait ce que j'ai pu ; j'ai servi, j'ai veillé,
Et j'ai vu bien souvent qu'on riait de ma peine.
Je me suis étonné d'être un objet de haine,
Ayant beaucoup souffert et beaucoup travaillé.

Dans ce bagne terrestre où ne s'ouvre aucune aile,
Sans me plaindre, saignant, et tombant sur les mains,
Morne, épuisé, raillé[2] par les forçats humains,
J'ai porté mon chaînon de la chaîne éternelle.

Maintenant, mon regard ne s'ouvre qu'à demi ;
Je ne me tourne plus même quand on me nomme ;
Je suis plein de stupeur[3] et d'ennui[4], comme un homme
Qui se lève avant l'aube et qui n'a pas dormi.

Je ne daigne plus même, en ma sombre paresse,
Répondre à l'envieux dont la bouche me nuit.
Ô Seigneur ! ouvrez-moi les portes de la nuit,
Afin que je m'en aille et que je disparaisse !

Avril 1848.

---

1. Gerbe : Hugo compare ses œuvres à une « gerbe », le mot fait ici image.

2. Raillé : moqué, ridiculisé.

3. Stupeur : au sens étymologique d'insensibilité, d'incapacité à éprouver la moindre émotion.

4. Ennui : au sens étymologique de profond abattement, de dégoût de la vie.

Poème XIV

Veni, vidi, vixi

1

De quelle façon s'exprime la tentation de la mort ?

- Par le titre, qui pastiche la célèbre formule de Jules César. Hugo remplace « *vici* » (« J'ai vaincu ») par « *vixi* » (« J'ai vécu »).
- Par l'affirmation placée en ouverture du poème : « J'ai bien assez vécu », affirmation justifiée par l'insistance anaphore « puisque » (v. 3, 4, 5, 7, 9, 10 et 12).
- Par la construction en chiasme des trois premières strophes (des quatrains).

2

Quel autoportrait Hugo fait-il de lui ?

- Hugo se peint en poète. La métaphore du « sillon » et de la « gerbe » fait de son œuvre une récolte.
- Ce poète est chargé d'éclairer l'avenir et les hommes : il est « debout mais incliné du côté du mystère » (v. 16). C'est une image très hugolienne et très romantique.
- Un poète trop souvent incompris, moqué et, à son étonnement, haï (voir toute la strophe 5).

3

Quelle image finale Hugo donne-t-il de lui ?

- L'image d'un homme fatigué, qui a fait ce qu'il a pu dans « ce bagne terrestre » (v. 21).
- L'image d'un homme sans énergie et désormais sans force.
- L'image d'un homme indifférent aussi bien au mépris qu'à la gloire et qui demande à Dieu de le faire mourir : « Ô Seigneur ! ouvrez-moi les portes de la nuit » (v. 31).

DÉFINITION CLÉ

Le chiasme

Le chiasme est une figure de style fondée à la fois sur la répétition et l'inversion, sur le modèle AB/BA. Ainsi le vers 12 : « Puisque mon cœur est mort, j'ai bien assez vécu » reprend en l'inversant le vers 1 : « J'ai bien assez vécu, puisque dans mes douleurs ».

XV

Demain, dès l'aube, à l'heure où blanchit la campagne,
Je partirai. Vois-tu, je sais que tu m'attends.
J'irai par la forêt, j'irai par la montagne.
Je ne puis demeurer loin de toi plus longtemps.

Je marcherai les yeux fixés sur mes pensées,
Sans rien voir au dehors, sans entendre aucun bruit,
Seul, inconnu, le dos courbé, les mains croisées,
Triste, et le jour pour moi sera comme la nuit.

Je ne regarderai ni l'or du soir qui tombe,
Ni les voiles au loin descendant vers Harfleur[1],
Et quand j'arriverai, je mettrai sur ta tombe
Un bouquet de houx vert et de bruyère en fleur.

3 septembre 1847.

---

1. Harfleur : ville de la côte normande, proche de Villequier (voir note 1, p. 24).

Poème XV

« Demain, dès l'aube... »

1

En quoi ce poème relève-t-il du culte du souvenir ?

- Un poème anniversaire : « Demain » (v. 1) est à comprendre en fonction de la datation du poème (3 septembre 1847) : c'est le quatrième anniversaire de la mort de Léopoldine.
- De là vient, pour Hugo, l'impérieuse nécessité, marquée par les futurs de l'indicatif (v. 2, 3, 5, 9, 11), de se rendre sur la tombe de sa fille.
- De là vient aussi la tonalité du poème : un pathétique sobre, traité sur le mode mineur : il n'y a pas d'effets oratoires, sans exclusion toutefois de certains tours comme le recours au rejet.

2

Quels sont les trois aspects de l'itinéraire que dessine le poème ?

- Un itinéraire géographique : d'abord flou (« forêt », « montagne », v. 3), puis un peu moins vague (« vers Harfleur », v. 10), enfin très précis (« ta tombe », v. 11).
- Un itinéraire mental : les vers 5 à 10 dessinent un voyage intérieur, durant lequel Hugo, « seul, inconnu » (v. 7), reste étranger à tout ce qui l'entoure, au temps comme l'espace.
- Un itinéraire affectif : « Je ne puis demeurer loin de toi plus longtemps » (v. 4). Les trois quatrains sont orientés vers un seul but, un seul être.

3

En quoi ce poème marque-t-il un tournant dans le recueil ?

- Un poème de la présence : Hugo s'adresse directement à sa fille, comme si elle était encore vivante, comme si elle lui avait fixé un rendez-vous : « Vois-tu, je sais que tu m'attends » (v. 2).
- Un poème en forme d'hommage, dont rend compte le dernier vers : « Un bouquet de houx vert et de bruyère en fleur » (v. 12). Notons l'allitération en [b] et l'assonance en [ou], ainsi que le jeu des couleurs qui lui donnent toute sa force.
- Un poème de l'apaisement – ce qui ne signifie pas la fin de toute souffrance : Hugo retrouve sa fille dans et par la poésie, qui, seule, peut en perpétuer le souvenir.

DÉFINITION CLÉ

Le rejet

On parle de rejet lorsqu'un élément verbal bref, placé au début d'un vers ou d'un hémistiche, se trouve grammaticalement lié au vers ou à l'hémistiche précédent. Tel est le cas de « Je partirai » (v. 2) qui est indissociable du vers 1.

XVI

À Villequier[1]

Maintenant que Paris, ses pavés et ses marbres,
Et sa brume et ses toits sont bien loin de mes yeux ;
Maintenant que je suis sous les branches des arbres,
Et que je puis songer à la beauté des cieux ;

Maintenant que du deuil qui m'a fait l'âme obscure
Je sors, pâle et vainqueur,
Et que je sens la paix de la grande nature
Qui m'entre dans le cœur ;

Maintenant que je puis, assis au bord des ondes,
Ému par ce superbe et tranquille horizon,
Examiner en moi les vérités profondes
Et regarder les fleurs qui sont dans le gazon ;

Maintenant, ô mon Dieu ! que j'ai ce calme sombre
De pouvoir désormais
Voir de mes yeux la pierre où je sais que dans l'ombre
Elle dort pour jamais ;

Maintenant qu'attendri par ces divins spectacles,
Plaines, forêts, rochers, vallons, fleuve argenté,
Voyant ma petitesse et voyant vos miracles,
Je reprends ma raison devant l'immensité ;

1. Villequier : dans la basse vallée de la Seine, où s'est noyée Léopoldine le 4 septembre 1843. Les Vacquerie y possédaient une maison de campagne, laquelle est aujourd'hui le musée Victor Hugo.

Je viens à vous, Seigneur, père auquel il faut croire ;
Je vous porte, apaisé,
Les morceaux de ce cœur tout plein de votre gloire
Que vous avez brisé ;

Je viens à vous, Seigneur ! confessant que vous êtes
Bon, clément, indulgent et doux, ô Dieu vivant !
Je conviens que vous seul savez ce que vous faites,
Et que l'homme n'est rien qu'un jonc[1] qui tremble au vent ;

Je dis que le tombeau qui sur les morts se ferme
Ouvre le firmament[2] ;
Et que ce qu'ici-bas nous prenons pour le terme
Est le commencement ;

Je conviens à genoux que vous seul, père auguste,
Possédez l'infini, le réel, l'absolu ;
Je conviens qu'il est bon, je conviens qu'il est juste
Que mon cœur ait saigné, puisque Dieu l'a voulu !

Je ne résiste plus à tout ce qui m'arrive
Par votre volonté.
L'âme de deuils en deuils, l'homme de rive en rive,
Roule à l'éternité.

Nous ne voyons jamais qu'un seul côté des choses ;
L'autre plonge en la nuit d'un mystère effrayant.
L'homme subit le joug sans connaître les causes.
Tout ce qu'il voit est court, inutile et fuyant.

°°°

1. Jonc : plante aquatique, souple et flexible.
2. Le firmament : les cieux.

Vous faites revenir toujours la solitude
Autour de tous ses pas.
Vous n'avez pas voulu qu'il eût la certitude
Ni la joie ici-bas !

Dès qu'il possède un bien, le sort le lui retire.
Rien ne lui fut donné, dans ses rapides jours,
Pour qu'il s'en puisse faire une demeure, et dire :
C'est ici ma maison, mon champ et mes amours !

Il doit voir peu de temps tout ce que ses yeux voient ;
Il vieillit sans soutiens.
Puisque ces choses sont, c'est qu'il faut qu'elles soient ;
J'en conviens, j'en conviens !

Le monde est sombre, ô Dieu ! l'immuable harmonie
Se compose des pleurs aussi bien que des chants ;
L'homme n'est qu'un atome en cette ombre infinie,
Nuit où montent les bons, où tombent les méchants.

Je sais que vous avez bien autre chose à faire
Que de nous plaindre tous,
Et qu'un enfant qui meurt, désespoir de sa mère,
Ne vous fait rien, à vous !

Je sais que le fruit tombe au vent qui le secoue,
Que l'oiseau perd sa plume et la fleur son parfum ;
Que la création est une grande roue
Qui ne peut se mouvoir sans écraser quelqu'un ;

Les mois, les jours, les flots des mers, les yeux qui pleurent,
Passent sous le ciel bleu ;
Il faut que l'herbe pousse et que les enfants meurent ;
Je le sais, ô mon Dieu !

Dans vos cieux, au delà de la sphère des nues,
Au fond de cet azur immobile et dormant,
Peut-être faites-vous des choses inconnues
Où la douleur de l'homme entre comme élément.

Peut-être est-il utile à vos desseins sans nombre
Que des êtres charmants
S'en aillent, emportés par le tourbillon sombre
Des noirs événements.

Nos destins ténébreux vont sous des lois immenses
Que rien ne déconcerte et que rien n'attendrit.
Vous ne pouvez avoir de subites clémences
Qui dérangent le monde, ô Dieu, tranquille esprit !

Je vous supplie, ô Dieu ! de regarder mon âme,
Et de considérer
Qu'humble comme un enfant et doux comme une femme,
Je viens vous adorer !

Considérez encor[1] que j'avais, dès l'aurore,
Travaillé, combattu, pensé, marché, lutté,
Expliquant la nature à l'homme qui l'ignore,
Éclairant toute chose avec votre clarté ;

Que j'avais, affrontant la haine et la colère,
Fait ma tâche ici-bas,
Que je ne pouvais pas m'attendre à ce salaire,
Que je ne pouvais pas

ooo

1. Encor : licence poétique mis à la place d'« encore », afin de respecter les douze syllabes de l'alexandrin.

Prévoir que, vous aussi, sur ma tête qui ploie[1]
Vous appesantiriez votre bras triomphant,
Et que, vous qui voyiez comme j'ai peu de joie,
Vous me reprendriez si vite mon enfant !

Qu'une âme ainsi frappée à se plaindre est sujette,
Que j'ai pu blasphémer,
Et vous jeter mes cris comme un enfant qui jette
Une pierre à la mer !

Considérez qu'on doute, ô mon Dieu ! quand on souffre,
Que l'œil qui pleure trop finit par s'aveugler,
Qu'un être que son deuil plonge au plus noir du gouffre,
Quand il ne vous voit plus, ne peut vous contempler,

Et qu'il ne se peut pas que l'homme, lorsqu'il sombre
Dans les afflictions[2],
Ait présente à l'esprit la sérénité sombre
Des constellations !

Aujourd'hui, moi qui fus faible comme une mère,
Je me courbe à vos pieds devant vos cieux ouverts.
Je me sens éclairé dans ma douleur amère
Par un meilleur regard jeté sur l'univers.

Seigneur, je reconnais que l'homme est en délire
S'il ose murmurer ;
Je cesse d'accuser, je cesse de maudire,
Mais laissez-moi pleurer !

1. **Ploie** : présent de l'indicatif du verbe « ployer » ; se courbe.
2. **Afflictions** : profondes peines.

Hélas ! laissez les pleurs couler de ma paupière,
Puisque vous avez fait les hommes pour cela !
Laissez-moi me pencher sur cette froide pierre
Et dire à mon enfant : Sens-tu que je suis là ?

Laissez-moi lui parler, incliné sur ses restes,
Le soir, quand tout se tait,
Comme si, dans sa nuit rouvrant ses yeux célestes,
Cet ange m'écoutait !

Hélas ! vers le passé tournant un œil d'envie,
Sans que rien ici-bas puisse m'en consoler,
Je regarde toujours ce moment de ma vie
Où je l'ai vue ouvrir son aile et s'envoler !

Je verrai cet instant jusqu'à ce que je meure,
L'instant, pleurs superflus !
Où je criai : L'enfant que j'avais tout à l'heure,
Quoi donc ! je ne l'ai plus !

Ne vous irritez pas que je sois de la sorte,
Ô mon Dieu ! cette plaie a si longtemps saigné !
L'angoisse dans mon âme est toujours la plus forte,
Et mon cœur est soumis, mais n'est pas résigné.

Ne vous irritez pas ! fronts que le deuil réclame,
Mortels sujets aux pleurs,
Il nous est malaisé de retirer notre âme
De ces grandes douleurs.

Voyez-vous, nos enfants nous sont bien nécessaires,
Seigneur ; quand on a vu dans sa vie, un matin,
Au milieu des ennuis, des peines, des misères,
Et de l'ombre que fait sur nous notre destin,

ooo

Apparaître un enfant, tête chère et sacrée,
Petit être joyeux,
Si beau, qu'on a cru voir s'ouvrir à son entrée
Une porte des cieux ;

Quand on a vu, seize ans, de cet autre soi-même
Croître la grâce aimable et la douce raison,
Lorsqu'on a reconnu que cet enfant qu'on aime
Fait le jour dans notre âme et dans notre maison,

Que c'est la seule joie ici-bas qui persiste
De tout ce qu'on rêva,
Considérez que c'est une chose bien triste
De le voir qui s'en va !

Villequier[1], 4 septembre 1847.

1. Villequier : dans la basse vallée de la Seine, où s'est noyée Léopoldine le 4 septembre 1843. Les Vacquerie y possédaient une maison de campagne, laquelle est aujourd'hui le musée Victor Hugo.

Poème XVI

À Villequier

1 Quelle est la forme de ce long poème ?

• La structure : quarante strophes, qui sont toutes des quatrains.
• La forme des strophes : les strophes isométriques, en alexandrins, (strophes impairs) alternent avec des strophes hétérométriques (strophes pairs), alternant elles-mêmes alexandrins et hexasyllabes.
• Les rimes : toutes construites sur le modèle AB/AB, elles sont dites croisées. Elles alternent régulièrement entre rimes féminines et rimes masculines.

2 Quel est le mouvement du poème ?

• Un premier mouvement va de la strophe 1 à la strophe 10. Il est grammaticalement constitué d'une seule phrase. Ce premier mouvement se subdivise en deux parties, chacune d'elles étant fortement marquée les anaphores « Maintenant » (v. 1, 5, 9, 13 et 17) et « Je viens » (v. 21 et 25). C'est le temps de l'apaisement, du « calme sombre » (v. 13), qui permet à Hugo de se soumettre à la volonté divine.
• Un deuxième mouvement est une méditation sur la condition et la destinée humaines (strophes 11 à 21).
• Un troisième mouvement (strophes 22 à 40) est une prière à Dieu, laquelle comporte deux temps : la justification de la révolte face à l'injustice que représente la mort d'un être innocent (strophes 22 à 26) ; et l'imploration du pardon divin (strophes 27 à 40).

3 Quels sont les principales caractéristiques de ce poème ?

• Un poème de l'apaisement : le temps (quatre ans après la mort de Léopoldine) et le spectacle de la nature font œuvre de consolation.
• Un poème de l'abandon à Dieu, en sa justice et en sa bonté, même si elles demeurent incompréhensibles aux yeux des hommes.
• Un poème de la tendresse paternelle, qui explique la révolte contre Dieu.

DÉFINITION CLÉ

L'anaphore

L'anaphore est une figure de style qui consiste dans la répétition d'un même mot (ou groupe de mots) en tête de vers (de phrase ou de paragraphe). Elle donne au mot répété une valeur incantatoire. Les anaphores sont ici nombreuses : « Maintenant » (v. 1, 5, 9, 13 et 17), « Je viens » (v. 21 et 25), « Ne vous irritez pas » (v. 136 et 141).

XVII

Mors[1]

Je vis cette faucheuse[2]. Elle était dans son champ.
Elle allait à grands pas moissonnant et fauchant,
Noir squelette laissant passer le crépuscule.
Dans l'ombre où l'on dirait que tout tremble et recule,
L'homme suivait des yeux les lueurs de la faulx[3].
Et les triomphateurs sous les arcs triomphaux
Tombaient ; elle changeait en désert Babylone[4],
Le trône en échafaud et l'échafaud en trône,
Les roses en fumier, les enfants en oiseaux,
L'or en cendre, et les yeux des mères en ruisseaux.
Et les femmes criaient : – Rends-nous ce petit être.
Pour le faire mourir, pourquoi l'avoir fait naître ? –
Ce n'était qu'un sanglot sur terre, en haut, en bas ;
Des mains aux doigts osseux sortaient des noirs grabats[5] ;
Un vent froid bruissait dans les linceuls sans nombre ;
Les peuples éperdus semblaient sous la faulx sombre
Un troupeau frissonnant qui dans l'ombre s'enfuit ;
Tout était sous ses pieds deuil, épouvante et nuit.
Derrière elle, le front baigné de douces flammes,
Un ange souriant portait la gerbe d'âmes.

Mars 1854.

---

1. Mors : la mort en latin.

2. Cette faucheuse : métaphore représentant traditionnellement la mort (qui « fauche » les vies). Les peintures macabres du Moyen Âge dépeignent la Mort en squelette habillé de noir et armé d'une faux.

3. Faulx : vieille graphie pour « faux ».

4. Babylone : ville de Mésopotamie (dans l'actuel Irak), saccagée et en partie rasée par Nabuchodonosor II en 605 avant notre ère.

5. Grabats : lits misérables.

XVIII

Charles Vacquerie[1]

Il ne sera pas dit que ce jeune homme, ô deuil !
Se sera de ses mains ouvert l'affreux cercueil
    Où séjourne l'ombre abhorrée[2],
Hélas ! et qu'il aura lui-même dans la mort
De ses jours généreux, encor[3] pleins jusqu'au bord,
    Renversé la coupe dorée,

Et que sa mère, pâle et perdant la raison,
Aura vu rapporter au seuil de sa maison,
    Sous un suaire[4] aux plis funèbres,
Ce fils, naguère encor pareil au jour qui naît,
Maintenant blême et froid, tel que la mort venait
    De le faire pour les ténèbres ;

Il ne sera pas dit qu'il sera mort ainsi,
Qu'il aura, cœur profond et par l'amour saisi,
    Donné sa vie à ma colombe,
Et qu'il l'aura suivie au lieu morne et voilé,
Sans que la voix du père à genoux ait parlé
    À cette âme dans cette tombe !

En présence de tant d'amour et de vertu,
Il ne sera pas dit que je me serai tu,
    Moi qu'attendent les maux sans nombre !

ooo

---

1. Charles Vacquerie : le mari de Léopoldine qu'il avait épousée le 15 février 1843 et qui se noya en tentant de lui porter secours (voir les poèmes I et II, p. 9 et 11).

2. Abhorrée : détestée au plus haut point, exécrée.

3. Encor : license poétique pour « encore ».

4. Suaire : linceul.

Que je n'aurai point mis sur sa bière un flambeau,
Et que je n'aurai pas devant son noir tombeau
Fait asseoir une strophe sombre !

N'ayant pu la sauver, il a voulu mourir.
Sois béni, toi qui, jeune, à l'âge où vient s'offrir
L'espérance joyeuse encore,
Pouvant rester, survivre, épuiser tes printemps,
Ayant devant les yeux l'azur de tes vingt ans
Et le sourire de l'aurore,

À tout ce que promet la jeunesse, aux plaisirs,
Aux nouvelles amours, aux oublieux désirs
Par qui toute peine est bannie,
À l'avenir, trésor des jours à peine éclos,
À la vie, au soleil, préféras sous les flots
L'étreinte de cette agonie !

Oh ! quelle sombre joie à cet être charmant
De se voir embrassée au suprême moment
Par ton doux désespoir fidèle !
La pauvre âme a souri dans l'angoisse, en sentant
À travers l'eau sinistre et l'effroyable instant
Que tu t'en venais avec elle !

Leurs âmes se parlaient sous les vagues rumeurs.
– Que fais-tu ? disait-elle. – Et lui, disait : Tu meurs ;
Il faut bien aussi que je meure ! –
Et, les bras enlacés, doux couple frissonnant,
Ils se sont en allés dans l'ombre ; et, maintenant,
On entend le fleuve qui pleure.

Puisque tu fus si grand, puisque tu fus si doux
Que de vouloir mourir, jeune homme, amant, époux,
Qu'à jamais l'aube en ta nuit brille !

Aie à jamais sur toi l'ombre de Dieu penché !
Sois béni sous la pierre où te voilà couché !
Dors, mon fils, auprès de ma fille !

Sois béni ! que la brise et que l'oiseau des bois,
Passants mystérieux, de leur plus douce voix
Te parlent dans ta maison sombre !
Que la source te pleure avec sa goutte d'eau !
Que le frais liseron[1] se glisse en ton tombeau
Comme une caresse de l'ombre !

Oh ! s'immoler[2], sortir avec l'ange qui sort,
Suivre ce qu'on aima dans l'horreur de la mort,
Dans le sépulcre ou sur les claies[3],
Donner ses jours, son sang et ses illusions !... –
Jésus baise en pleurant ces saintes actions
Avec les lèvres de ses plaies.

Rien n'égale ici-bas, rien n'atteint sous les cieux
Ces héros, doucement saignants et radieux,
Amour, qui n'ont que toi pour règle ;
Le génie à l'œil fixe, au vaste élan vainqueur,
Lui-même est dépassé par ces essors du cœur ;
L'ange vole plus haut que l'aigle.

Dors ! – Ô mes douloureux et sombres bien-aimés !
Dormez le chaste hymen[4] du sépulcre[5] ! dormez !
Dormez au bruit du flot qui gronde,

ooo

1. **Liseron** : plante aux fleurs en forme d'entonnoir, de la famille des volubilis.
2. **S'immoler** : se sacrifier (Charles Vacquerie s'étant noyé en essayant de porter secours à sa femme).
3. **Claies** : treillis d'osier sur lequel un condamné à mort était conduit au supplice.
4. **Hymen** : union, mariage.
5. **Sépulcre** : tombeau (l'idée est que les époux sont et restent unis dans la mort).

Tandis que l'homme souffre, et que le vent lointain
Chasse les noirs vivants à travers le destin,
Et les marins à travers l'onde !

Ou plutôt, car la mort n'est pas un lourd sommeil,
Envolez-vous tous deux dans l'abîme vermeil,
Dans les profonds gouffres de joie,
Où le juste qui meurt semble un soleil levant,
Où la morte au front pâle est comme un lys vivant,
Où l'ange frissonnant flamboie !

Fuyez, mes doux oiseaux ! évadez-vous tous deux
Loin de notre nuit froide et loin du mal hideux !
Franchissez l'éther[1] d'un coup d'aile !
Volez loin de ce monde, âpre[2] hiver sans clarté,
Vers cette radieuse et bleue éternité
Dont l'âme humaine est l'hirondelle !

Ô chers êtres absents, on ne vous verra plus
Marcher au vert penchant des coteaux chevelus,
Disant tout bas de douces choses !
Dans le mois des chansons, des nids et des lilas,
Vous n'irez plus semant des sourires, hélas !
Vous n'irez plus cueillant des roses !

On ne vous verra plus, dans ces sentiers joyeux,
Errer, et, comme si vous évitiez les yeux
De l'horizon vaste et superbe,
Chercher l'obscur asile et le taillis profond
Où passent des rayons qui tremblent et qui font
Des taches de soleil sur l'herbe !

---

1. L'éther : le ciel, l'azur.
2. Âpre : rude.

Villequier, Caudebec[1], et tous ces frais vallons,
Ne vous entendront plus vous écrier : « Allons,
» Le vent est bon, la Seine est belle ! »
Comme ces lieux charmants vont être pleins d'ennui !
Les hardis goëlands ne diront plus : C'est lui !
Les fleurs ne diront plus : C'est elle !

Dieu, qui ferme la vie et rouvre l'idéal,
Fait flotter à jamais votre lit nuptial
Sous le grand dôme aux clairs pilastres[2] ;
En vous prenant la terre, il vous prit les douleurs ;
Ce père souriant, pour les champs pleins de fleurs,
Vous donne les cieux remplis d'astres !

Allez des esprits purs accroître la tribu.
De cette coupe amère, où vous n'avez pas bu,
Hélas ! nous viderons le reste.
Pendant que nous pleurons, de sanglots abreuvés,
Vous, heureux, enivrés de vous-mêmes, vivez
Dans l'éblouissement céleste !

Vivez ! aimez ! ayez les bonheurs infinis,
Oh ! les anges pensifs, bénissant et bénis,
Savent seuls, sous les sacrés voiles,
Ce qu'il entre d'extase, et d'ombre, et de ciel bleu,
Dans l'éternel baiser de deux âmes que Dieu
Tout à coup change en deux étoiles !

Jersey, 4 septembre 1852.

1. Caudebec : ville normande, proche de Villequier (voir note 1, p. 46).
2. Pilastres : terme d'architecture désignant des colonnes partiellement intégrées dans un mur. Le mot fait ici image pour désigner la voûte céleste.

Poème XVIII

Charles Vacquerie

1

Où, quand et pourquoi Hugo compose-t-il cet hommage à Charles Vacquerie ?

• Date et lieu de composition : à Jersey, le 4 septembre 1852, soit neuf ans après la disparition du couple. Exilé depuis le 11 décembre 1851, Hugo est à Jersey depuis le 1er août 1852.
• Les raisons de cet hommage :
- Première raison : Hugo s'en explique dans les trois premières strophes (des sizains) : « il ne sera pas dit » qu'écrasé par la douleur, Hugo ne songe qu'à sa fille et jamais à son gendre. Ce poème se veut œuvre de justice. Charles est en effet mort en voulant sauver sa jeune épouse.
- Deuxième raison : créer un effet de parallélisme dans l'organisation du recueil. Même s'il n'est pas nommément cité, Charles apparaît dans les deux premiers poèmes. Ouvrant le recueil, il le clôt.
- Troisième raison : ce poème est un « tombeau littéraire » : au « noir tombeau » répond une «strophe sombre » (v. 23-24).C'est un effet de parallélisme, fréquent chez Hugo.

2

Dans quelle mesure ce poème consacre-t-il la naissance d'un couple mythique (magnifié par la poésie) ?

• Après avoir évoqué les qualités de Charles (la générosité, l'amour, le sens du sacrifice), le couple s'unit dans la mort.
• Les strophes 14 à 21 multiplient les références non plus à Charles seul, mais au couple qu'il formait avec Léopoldine : « vous », « tous deux »...
• Ce couple connaît une béatitude absolue : « Vous, heureux, enivrés de vous-mêmes, vivez/ Dans l'éblouissement céleste » (v. 119-120) ; il se change même « en deux étoiles » (v. 126).

3

En quoi ce poème marque-t-il pour Hugo la sortie du deuil ?

• Parvenu dans l'éternité, le couple continue de vivre, laissant les humains à leur douleur (strophe 20).
• Cette vie nouvelle marque la défaite de la mort (physique). Hugo peut commencer à se remettre au travail.

DÉFINITION CLÉ

Les parallélismes

Les parallélismes sont des figures de style fréquentes chez Hugo. Ils consistent souvent en une répétition de structure entre deux énoncés ; par exemple : « Les hardis goëlands ne diront plus : C'est lui/ Les fleurs ne diront plus : C'est elle ! » (v. 107-108).

Anthologie sur

la poésie du romantisme au surréalisme

Négligée, mais non inexistante, durant le siècle des Lumières, la poésie connaît un renouveau majeur durant le XIXe siècle. Trois principaux courants s'y développent : le romantisme, le Parnasse et le symbolisme. Baudelaire, Rimbaud et Verlaine y occupent, chacun à leur manière, une place particulière : tous trois sont en effet inclassables. Le XXe siècle voit, quant à lui, l'essor d'une modernité poétique avec Apollinaire et une révolution radicale avec le surréalisme. L'anthologie qui suit présente et illustre ces mouvements et évolutions.

LA POÉSIE ROMANTIQUE (1820-1850)

La publication en 1820 des *Méditations poétiques* de Lamartine marque la naissance de la poésie romantique. Celle-ci s'impose et triomphe jusqu'aux alentours de 1850 puis décline dans la seconde moitié du siècle.

■ Aux sources de la poésie romantique

L'épanouissement du moi lyrique

Contre les contraintes du classicisme du XVIIe siècle et contre le rationalisme du XVIIIe siècle, la poésie romantique privilégie l'imaginaire, le rêve, les émotions, les tourments de la passion, le trouble de l'âme et les doutes de l'esprit. L'individu proclame son existence et affirme son autonomie. Le Moi devient la principale source d'inspiration. C'est l'essor du lyrisme, ainsi que le souligne cette déclaration exaltée de Musset : « Ah ! frappe-toi le cœur, c'est là qu'est le génie ! » (*Premières poésies*, 1830-1840).

Un double rapport au monde

Ce Moi hésite entre deux attitudes qui ne sont contradictoires qu'en apparence : le repli sur soi et l'ouverture aux autres.

La génération de 1820 éprouve, selon la formule de Musset, le sentiment d'être née « trop tard dans un monde trop vieux ». Les révolutions de 1830 et de 1848 déçoivent les espoirs placés en elles. Monotone, le présent n'offre que déceptions et désillusions. Où dès lors se réfugier sinon en soi-même ?

Cette exaltation du Moi ne saurait toutefois se confondre avec un quelconque narcissisme : « Ah ! insensé, qui crois que je ne suis pas toi ! », s'exclame Hugo (préface des *Contemplations*, 1856). La poésie romantique est souvent humanitaire et esquisse, notamment chez Alphonse de Lamartine et Victor Hugo, la vision d'une humanité en marche vers plus de justice et de bonheur. Le poète devient alors un guide, voire un prophète, éclairant les peuples et leur traçant les voies d'un avenir meilleur.

Les principaux représentants de la poésie romantique

- **Alphonse de Lamartine** (1790-1869) : *Méditations poétiques* (1820), *Nouvelles méditations poétiques* (1823), *Harmonies poétiques et religieuses* (1830), *Jocelyn* (1836).
- **Alfred de Vigny** (1797-1863) : *Poèmes antiques et modernes* (1826), *Les Destinées* (1864, posthume).
- **Victor Hugo** (1802-1885), chef de file incontesté du romantisme : *Les Orientales* (1829), *Les Feuilles d'automne* (1831), *Les Rayons et les Ombres* (1840), *Les Contemplations* (1856), *La Légende des siècles* (1859-1883).
- **Alfred de Musset** (1810-1857) : *La Nuit de mai*, *La Nuit de décembre* (1835), *La Nuit d'août* (1836), *La Nuit d'octobre* (1837).

Les grands thèmes de la poésie romantique

L'explosion du Moi lyrique se manifeste par une extrême sensibilité aux souffrances individuelles et collectives, ainsi que par une révolte à l'égard des contraintes de toutes sortes, qu'elles soient politiques, religieuses ou économiques.

L'amour malheureux

L'homme romantique est fréquemment victime d'une passion malheureuse, par manque de réciprocité, par trahison de l'être aimé ou par la mort de celui-ci.

Texte 1

ALFRED DE MUSSET (1810-1857), ***La Nuit d'octobre*** (extrait ; 1837)

Dans ce poème, c'est un cri que lance Musset contre la femme qui lui a causé son premier chagrin d'amour.

Honte à toi, qui la première
M'as appris la trahison,
Et d'horreur et de colère
M'as fait perdre la raison !
Honte à toi, femme à l'œil sombre,
Dont les funestes amours
Ont enseveli dans l'ombre
Mon printemps et mes beaux jours !
C'est ta voix, c'est ton sourire,
C'est ton regard corrupteur,
Qui m'ont appris à maudire
Jusqu'au semblant du bonheur ;
C'est ta jeunesse et tes charmes
Qui m'ont fait désespérer,
Et si je doute des larmes,
C'est que je t'ai vu pleurer.

La fuite du temps

Conscient de la brièveté de l'existence, le poète cultive la nostalgie d'un passé trop vite révolu, surtout quand il emporte un amour brisé.

Texte 2

ALPHONSE DE LAMARTINE (1790-1869), ***Méditations poétiques*, « Le Lac »** (extrait ; 1820)

« Le Lac » est l'illustration la plus célèbre de cette fuite du temps. Pour célébrer le premier anniversaire de leur rencontre, le poète et la femme qu'il appelle Elvire (en réalité Julie Charles) se sont donné rendez-vous

sur les bords du lac du Bourget. Le poète se retrouve seul. Julie est restée à Paris, retenue par une maladie qui l'emportera.

Ainsi, toujours poussés vers de nouveaux rivages,
Dans la nuit éternelle emportés sans retour,
Ne pourrons-nous jamais sur l'océan des âges
Jeter l'ancre un seul jour ?

Ô lac ! l'année à peine a fini sa carrière,
Et près des flots chéris qu'elle devait revoir,
Regarde ! je viens seul m'asseoir sur cette pierre
Où tu la vis s'asseoir !

Tu mugissais ainsi sous ces roches profondes,
Ainsi tu te brisais sur leurs flancs déchirés,
Ainsi le vent jetait l'écume de tes ondes
Sur ses pieds adorés.

Un soir, t'en souvient-il ? nous voguions en silence ;
On n'entendait au loin, sur l'onde et sous les cieux,
Que le bruit des rameurs qui frappaient en cadence
Tes flots harmonieux.

Tout à coup des accents inconnus à la terre
Du rivage charmé frappèrent les échos ;
Le flot fut attentif, et la voix qui m'est chère
Laissa tomber ces mots :

« Ô temps, suspends ton vol ! et vous, heures propices,
Suspendez votre cours !
Laissez-nous savourer les rapides délices
Des plus beaux de nos jours !

Assez de malheureux ici-bas vous implorent :
Coulez, coulez pour eux ;

Prenez avec leurs jours les soins[1] qui les dévorent ;
Oubliez les heureux.

Mais je demande en vain quelques moments encore,
Le temps m'échappe et me fuit ;
Je dis à cette nuit : « Sois plus lente » ; et l'aurore
Va dissiper la nuit.

Aimons donc, aimons donc ! de l'heure fugitive,
Hâtons-nous, jouissons !
L'homme n'a point de port, le temps n'a point de rive ;
Il coule et nous passons ! »

Temps jaloux, se peut-il que ces moments d'ivresse,
Où l'amour à longs flots nous verse le bonheur,
S'envolent loin de nous de la même vitesse
Que les jours de malheur ?

Eh quoi ! n'en pourrons-nous jamais fixer au moins la trace ?
Quoi ! passés pour jamais ! quoi ! tout entier perdus !
Ce temps qui les donna, ce temps qui les efface,
Ne nous les rendra plus ! »

Le refuge dans la nature

Déçu ou fatigué par l'existence, en proie à un mal de vivre, le poète se cherche des « ailleurs » apaisants. La nature en est un, célébré aussi bien par Lamartine (*Méditations poétiques*, « Le Vallon », 1820) que par Vigny ou Hugo.

Texte 3

ALFRED DE VIGNY (1797-1863), ***Les Destinées*****, « La Maison du berger »** (extrait ; 1864)

À la vie de plus en plus trépidante des villes et à la civilisation industrielle, Vigny préfère le havre de paix que constitue une simple

1. **Soins** : soucis.

« maison de berger ». La nature apparaît ainsi comme une figure protectrice et consolatrice.

Si ton cœur, gémissant du poids de notre vie,
Se traîne et se débat comme un aigle blessé,
Portant comme le mien, sur son aile asservie,
Tout un monde fatal, écrasant et glacé ;
S'il ne bat qu'en saignant par sa plaie immortelle,
S'il ne voit plus l'amour, son étoile fidèle,
Éclairer pour lui seul l'horizon effacé ;

Si ton âme enchaînée[1], ainsi que l'est mon âme,
Lasse de son boulet et de son pain amer,
Sur sa galère en deuil laisse tomber sa rame,
Penche sa tête pâle et pleure sur la mer,
Et cherchant dans les flots une route inconnue,
Y voit, en frissonnant, sur son épaule nue,
La lettre sociale[2] écrite avec le fer ;

Si ton corps, frémissant des passions secrètes,
S'indigne des regards, timide et palpitant ;
S'il cherche à sa beauté de profondes retraites
Pour la mieux dérober au profane insultant ;
Si ta lèvre se sèche au poison des mensonges,
Si ton beau front rougit de passer dans les songes
D'un impur inconnu qui te voit et t'entend,

Pars courageusement, laisse toutes les villes ;
Ne ternis plus tes pieds aux poudres[3] du chemin ;
Du haut de nos pensers[4] vois les cités serviles
Comme les rocs fatals de l'esclavage humain.

---

1. **Enchaînée** : prisonnière des contraintes sociales.
2. **La lettre sociale** : la marque au fer sur l'épaule des forçats.
3. **Poudres** : poussières.
4. **Pensers** : pensées.

Les grands bois et les champs sont de vastes asiles,
Libres comme la mer autour des sombres îles.
Marche à travers les champs une fleur à la main.

La marche vers plus de progrès

L'analyse du Moi souffrant ne détourne pas les poètes romantiques de se préoccuper du sort de l'humanité. Attentifs à la misère sociale, à la condition des enfants, ils véhiculent aussi la vision optimiste d'une humanité en marche.

Texte 4

ALPHONSE DE LAMARTINE (1790-1869), ***Ode sur les Révolutions*** (extrait ; 1831)

Même s'il ne les approuve pas toujours, le romantisme a une vive conscience des évolutions de la société. L'homme est pris dans un vaste mouvement vers un monde meilleur. Écrite au lendemain de la révolution de 1830, cette ode célèbre l'avènement d'un monde nouveau.

Marchez ! l'humanité ne vit pas d'une idée[1] !
Elle éteint chaque soir celle qui l'a guidée,
Elle en allume une autre à l'immortel flambeau :
Comme ces morts vêtus de leur parure immonde,
Les générations emportent de ce monde
Leurs vêtements dans le tombeau !

Là c'est leurs dieux ; ici les mœurs de leurs ancêtres,
Le glaive des tyrans, l'amulette des prêtres,
Vieux lambeaux, vils haillons[2] de cultes ou de lois ;
Et quand après mille ans dans leurs caveaux on fouille,
On est surpris de voir la risible dépouille[3],
De ce qui fut l'homme autrefois !

1. D'une idée : d'une seule idée dans le sens d'idéologie.
2. Haillons : guenilles, vêtements en lambeaux.
3. Dépouille : cadavre.

La fonction du poète

Chef de file des poètes romantiques, Victor Hugo assigne à la poésie une mission civilisatrice : celle de répandre et de défendre les idéaux de justice, de solidarité et de vérité.

Texte 5

VICTOR HUGO (1802-1885), ***Les Rayons et les Ombres*, « Fonction du poète »** (extrait ; 1840)

Dans la marche vers un monde meilleur que les romantiques appellent de tous leurs vœux, le poète se voit investi d'une fonction éminente : tout à la fois guide et mage chez Hugo, il devient celui qui éclaire l'avenir.

Peuples ! écoutez le poète !
Écoutez le rêveur sacré !
Dans votre nuit, sans lui complète,
Lui seul a le front éclairé !
Des temps futurs perçant les ombres,
Lui seul distingue en leurs flancs sombres
Le germe qui n'est pas éclos.
Homme, il est doux comme une femme.
Dieu parle à voix basse à son âme
Comme aux forêts et comme aux flots !

C'est lui qui, malgré les épines,
L'envie et la dérision,
Marche, courbé dans vos ruines,
Ramassant la tradition.
De la tradition féconde
Sort tout ce qui couvre le monde,
Tout ce que le ciel peut bénir.
Toute idée, humaine ou divine,
Qui prend le passé pour racine
A pour feuillage l'avenir.

Il rayonne ! il jette sa flamme
Sur l'éternelle vérité !
Il la fait resplendir pour l'âme
D'une merveilleuse clarté !
Il inonde de sa lumière
Villes et déserts, Louvre et chaumière,
Et les plaines et les hauteurs ;
À tous d'en haut il la dévoile ;
Car la poésie est l'étoile
Qui mène à Dieu rois et pasteurs.

TROIS POÈTES INCLASSABLES : BAUDELAIRE, RIMBAUD ET VERLAINE

■ Charles Baudelaire, père de la poésie moderne

Charles Baudelaire (1821-1867) occupe une place singulière dans l'histoire de la poésie française. Du romantisme dont son tempérament le rend proche, il retient l'aspiration à l'infini, à l'absolu métaphysique et esthétique. Du Parnasse, dont il rejette l'impassibilité, il hérite le goût de la perfection formelle.

Rejetant en revanche le réalisme au motif que, trop rivé sur son objet, il rétrécit le regard, Baudelaire fait de l'imagination « la reine des facultés » (*Mon cœur mis à nu*, 1887, posthume). Imaginer : non pour inventer de toutes pièces, mais pour voir autrement, pour percer les apparences.

Œuvres principales
- *Les Fleurs du mal*, 1857 et remanié en 1861 ;
- *Le Spleen de Paris* ou *Petits poèmes en prose*, 1869 (posthume).

L'héritier du romantisme et le précurseur du symbolisme

• La quête de l'unité du monde à travers les correspondances

L'unité du monde devient possible grâce à la théorie des correspondances : non seulement les sensations (l'ouïe, la vue, le toucher, l'odorat, le goût) se répondent mais des relations existent entre le monde visible et le monde invisible.

Texte 6

CHARLES BAUDELAIRE (1821-1867), ***Les Fleurs du mal*, « Spleen et Idéal », « Correspondances »** (1857)

Si la quête de l'infini est un héritage du romantisme, la conviction que l'univers possède une unité profonde qu'il s'agit de découvrir et d'exprimer annonce ce qui sera quelques années plus tard le symbolisme. C'est ce que traduit le célèbre poème des « Correspondances ».

La Nature est un temple où de vivants piliers
Laissent parfois sortir de confuses paroles ;
L'homme y passe à travers des forêts de symboles
Qui l'observent avec des regards familiers.

Comme de longs échos qui de loin se confondent
Dans une ténébreuse et profonde unité,
Vaste comme la nuit et comme la clarté,
Les parfums, les couleurs et les sons se répondent.

Il est des parfums frais comme des chairs d'enfants,
Doux comme les hautbois, verts comme les prairies,
– Et d'autres, corrompus, riches et triomphants,

Ayant l'expansion des choses infinies,
Comme l'ambre, le musc, le benjoin[1] et l'encens
Qui chantent les transports de l'esprit et des sens.

---

1. Benjoin : substance aromatique secrétée par le tronc du styrax.

• Le poète de la condition humaine

À travers sa propre et douloureuse expérience, Baudelaire relate et exprime le tragique de la condition humaine : « Hypocrite lecteur, – mon semblable, – mon frère » (« Au lecteur »). L'homme est, selon lui, un être fondamentalement déchiré « entre deux postulations simultanées, l'une vers Dieu, l'autre vers Satan » (*Mon cœur mis à nu*), entre le Bien et le Mal, entre l'élévation et la chute. C'est ce que décrit la première section des *Fleurs du mal*, « Spleen et Idéal ».

Entre ces deux « postulations » se glisse le Temps, ennemi implacable et destructeur. Pour échapper à son emprise, tous les moyens sont bons : l'immersion dans la foule (« Tableaux parisiens », deuxième section des *Fleurs du mal*), l'ivresse (« Le Vin », III), le sexe et la drogue, la révolte (IV-V) et même la Mort (dernière section) dès lors qu'elle est promesse de nouveau.

L'admirateur du parnasse

• La quête de l'absolu esthétique

Du Parnasse, Baudelaire retient l'exigence de la beauté formelle, sans toutefois renoncer, à l'inverse des poètes parnassiens, à l'expression de sa subjectivité.

Texte 7

CHARLES BAUDELAIRE (1821-1867), *Les Fleurs du mal*, « Spleen et Idéal », « La beauté » (1857)

Ce poème exprime le rêve du poète : atteindre à la beauté absolue. Mais celle-ci est une déesse inaccessible et souvent cruelle ; d'où le désespoir du poète.

Je suis belle, ô mortels ! comme un rêve de pierre,
Et mon sein, où chacun s'est meurtri tour à tour,
Est fait pour inspirer au poète un amour
Éternel et muet ainsi que la matière.

Je trône dans l'azur comme un sphinx[1] incompris ;
J'unis un cœur de neige à la blancheur des cygnes ;
Je hais le mouvement qui déplace les lignes,
Et jamais je ne pleure et jamais je ne ris.

Les poètes, devant mes grandes attitudes,
Que j'ai l'air d'emprunter aux plus fiers monuments,
Consumeront leurs jours en d'austères études ;

Car j'ai, pour fasciner ces dociles amants,
De purs miroirs qui font toutes choses plus belles :
Mes yeux, mes larges yeux aux clartés éternelles !

• Un mal baudelairien : le spleen ou le désespoir

Le spleen est, chez Baudelaire, une mélancolie qui se traduit par un dégoût de toute chose, et même de l'existence.

Texte 8

CHARLES BAUDELAIRE (1821-1867), ***Les Fleurs du mal*, « Spleen et Idéal », « Spleen »**, LXXVIII

Les Fleurs du mal *comptent quatre poèmes consacrés au spleen. Voici le plus angoissant des quatre, où la vie devient de plus en plus insupportable.*

Quand le ciel bas et lourd pèse comme un couvercle
Sur l'esprit gémissant en proie aux longs ennuis,
Et que de l'horizon embrassant tout le cercle
Il nous verse un jour noir plus triste que les nuits ;

Quand la terre est changée en un cachot humide,
Où l'Espérance, comme une chauve-souris,
S'en va battant les murs de son aile timide
Et se cognant la tête à des plafonds pourris ;

---

1. Sphinx : animal fabuleux, lion ailé à tête et buste de femme qui dévorait les passants qui ne résolvaient pas l'énigme qu'il lui posait.

Quand la pluie étalant ses immenses traînées
D'une vaste prison imite les barreaux,
Et qu'un peuple muet d'infâmes araignées
Vient tendre ses filets au fond de nos cerveaux,

Des cloches tout à coup sautent avec furie
Et lancent vers le ciel un affreux hurlement,
Ainsi que des esprits errants et sans patrie
Qui se mettent à geindre opiniâtrement[1].

– Et de longs corbillards, sans tambours ni musique,
Défilent lentement dans mon âme ; l'Espoir,
Vaincu, pleure, et l'Angoisse atroce, despotique,
Sur mon crâne incliné plante son drapeau noir.

Vers de nouvelles voies poétiques : la poésie sans la versification ou le poème en prose

S'il n'a pas inventé le poème en prose (dont la paternité revient à Aloysius Bertrand (1807-1841) et à son *Gaspard de la nuit*), Baudelaire rompt la séculaire alliance de la poésie et de la métrique : « Quel est celui d'entre nous qui n'a pas, dans ses jours d'ambition, rêvé le miracle d'une prose poétique, musicale sans rythme et sans rime, assez souple et assez heurtée pour s'adapter aux mouvements lyriques de l'âme, aux ondulations de la rêverie, aux soubresauts de la conscience ? » (Lettre dédicace, *Spleen de Paris*, 1869).

Texte 9

CHARLES BAUDELAIRE (1821-1867), ***Le Spleen de Paris*, « L'Invitation au voyage »** (extrait ; 1869, posthume)

En des tableaux indépendants les uns des autres, parfois très courts, les poèmes en prose de Baudelaire captent les visages changeants de la

1. **Opiniâtrement** : avec entêtement, obstinément.

ville, dévoilent l'âme des enfants et des exclus, déroulent ses rêves – comme dans ce début de « L'Invitation au voyage ».

Il est un pays superbe, un pays de Cocagne, dit-on, que je rêve de visiter avec une vieille amie. Pays singulier, noyé dans les brumes de notre Nord, et qu'on pourrait appeler l'Orient de l'Occident, la Chine de l'Europe, tant la chaude et capricieuse fantaisie s'y est donné carrière[1], tant elle l'a patiemment et opiniâtrement illustré de ses savantes et délicates végétations.

Un vrai pays de Cocagne, où tout est beau, riche, tranquille, honnête; où le luxe a plaisir à se mirer dans l'ordre; où la vie est grasse et douce à respirer; d'où le désordre, la turbulence et l'imprévu sont exclus; où le bonheur est marié au silence; où la cuisine elle-même est poétique, grasse et excitante à la fois; où tout vous ressemble, mon cher ange.

Tu connais cette maladie fiévreuse qui s'empare de nous dans les froides misères, cette nostalgie du pays qu'on ignore, cette angoisse de la curiosité ? Il est une contrée qui te ressemble, où tout est beau, riche, tranquille et honnête, où la fantaisie a bâti et décoré une Chine occidentale, où la vie est douce à respirer, où le bonheur est marié au silence. C'est là qu'il faut aller vivre, c'est là qu'il faut aller mourir !

Oui, c'est là qu'il faut aller respirer, rêver et allonger les heures par l'infini des sensations. Un musicien a écrit *L'Invitation à la valse*; quel est celui qui composera *L'Invitation au voyage*, qu'on puisse offrir à la femme aimée, à la sœur d'élection ?

Un poète de la modernité

Tant *Les Fleurs du mal* que *Le Spleen de Paris* accueillent le quotidien, voire le prosaïque, ainsi que les éléments du monde moderne (l'éclairage au gaz, les voitures, les cafés, les fêtes foraines...). Mais c'est pour en extraire ce qu'il y a de moins éphémère :

---

1. **S'y est donné carrière** : s'y est donné libre cours.

« Il s'agit [...] de dégager de la mode ce qu'elle peut contenir de poétique dans l'historique, de tirer l'éternel du transitoire. [...] La modernité, c'est le transitoire, le fugitif, le contingent, la moitié de l'art, dont l'autre moitié est l'éternel et l'immuable » (*Le Peintre de la vie moderne*, IV, 1863).

Arthur Rimbaud ou la poésie de la voyance

Œuvres principales
- *Lettre du voyant*, 1871 ;
- *Le Bateau ivre*, 1871 ;
- *Poésies*, 1871-1872 ;
- *Une saison en enfer*, 1873 ;
- *Illuminations*, 1886.

« Plonger au fond du gouffre, Enfer ou siècle, qu'importe ?/ Au fond de l'Inconnu pour trouver du *nouveau* », proclamait Baudelaire à la fin de ses *Fleurs du mal* (« Le Voyage »). Ce projet, Rimbaud (1854-1891) le reprend à son compte, l'approfondit et le réalise.

De la voyance au « voleur de feu »

Rimbaud ne sépare pas la vie de la poésie ni la poésie de la vie. En complète rupture non seulement avec le romantisme qu'il juge « fadasse » mais encore avec toute la tradition poétique, Rimbaud a pour idéal de changer la vie et le monde. Avec lui poésie devient révolutionnaire.

Texte 10

ARTHUR RIMBAUD (1854-1891), Lettre du 15 mai 1871

Cet idéal, Rimbaud le définit très tôt, dès mai 1871, quand il n'a encore que dix-sept ans. Il s'agit pour lui de rompre avec les conventions de toute nature (linguistique, morale...) en partant à la quête de l'inconnu par tous les moyens possibles. C'est alors qu'il devient selon sa propre expression un « voyant ».

Je dis qu'il faut être *voyant*, se faire *voyant*.

Le Poète se fait *voyant* par un long, immense et raisonné *dérèglement de tous les sens*. Toutes les formes d'amour, de souffrance, de folie ; il cherche en lui-même, il épuise en lui tous les poisons, pour n'en garder que les quintessences[1]. Ineffable[2] torture où il a besoin de toute la foi, de toute la force surhumaine, où il devient entre tous le grand malade, le grand criminel, le grand maudit, – et le suprême Savant ! – Car il arrive à l'*inconnu* ! Puisqu'il a cultivé son âme, déjà riche, plus qu'aucun ! Il arrive à l'inconnu, et, quand, affolé, il finirait par perdre l'intelligence de ses visions, il les a vues ! Qu'il crève dans son bondissement par les choses inouïes et innommables : viendront d'autres horribles travailleurs ; ils commenceront par les horizons où l'autre s'est affaissé ! [...]

Donc le poète est vraiment voleur de feu.

Il est chargé de l'humanité, des *animaux* même ; il devra faire sentir, palper, écouter ses inventions ; si ce qu'il rapporte de *là-bas* a forme, il donne forme ; si c'est informe, il donne de l'informe. Trouver une langue.

Une poésie de l'hallucination

Une saison en enfer porte témoignage de cette pratique de la voyance (voir texte 11, p. 72). De l'hallucination à la folie, la distance est mince. Récit de « voyances », ce recueil signe également l'échec d'un tel projet poétique. Il se clôt d'ailleurs sur un poème-confession significativement intitulé « Adieu ».

Texte 11

ARTHUR RIMBAUD (1854-1891), ***Une saison en enfer*, « Alchimie du verbe »** (extrait ; 1873)

L'« Alchimie du verbe » illustre le « dérèglement de tous les sens » que prône Rimbaud dans sa lettre du 15 mai 1871. Les voyelles deviennent des couleurs ; les paysages deviennent des décors de rêve ; l'hallucination devient générale.

---

1. **Quintessences** : ce qui est essentiel.
2. **Ineffable** : indicible.

J'inventais la couleur des voyelles ! – *A* noir, *E* blanc, *I* rouge, *O* bleu, *U* vert. – Je réglai la forme et le mouvement de chaque consonne, et, avec des rythmes instinctifs, je me flattai d'inventer un verbe poétique accessible, un jour ou l'autre, à tous les sens. Je réservais[1] la traduction.

Ce fut d'abord une étude. J'écrivais des silences, des nuits, je notais l'inexprimable. Je fixais des vertiges.

Loin des oiseaux, des troupeaux, de villageoises,
Que buvais-je, à genoux dans cette bruyère
Entourée de tendres bois de noisetiers,
Dans un brouillard d'après-midi tiède et vert ?

Que pouvais-je boire dans cette jeune Oise,
– Ormeaux sans voix, gazon sans fleurs, ciel couvert ! –
Boire à ces gourdes jaunes, loin de ma case
Chérie ? Quelque liqueur d'or qui fait suer.

Je faisais une louche enseigne d'auberge.
– Un orage vint chasser le ciel. Au soir
L'eau des bois se perdait sur les sables vierges,
Le vent de Dieu jetait des glaçons aux mares ;

Pleurant, je voyais de l'or, – et ne pus boire. –
[...]

La vieillerie poétique avait une bonne part dans mon alchimie du verbe.

Je m'habituai à l'hallucination simple : je voyais très franchement une mosquée à la place d'une usine, une école de tambours faite par des anges, des calèches sur les routes du ciel, un salon au fond d'un lac ; les monstres, les mystères ; un titre de vaudeville dressait des épouvantes devant moi.

---

1. **Je réservais** : je ne donnais pas.

Le langage autonome de la poésie

L'« adieu » qui clôt *Une saison en enfer* n'est pourtant pas définitif. Si elles renoncent à l'aventure du « voyant », *Les Illuminations* réalisent le projet d'inventer une nouvelle langue, en dehors de toutes les contraintes logiques et grammaticales. C'est en faisant de la poésie un langage-univers à part que Rimbaud va durablement marquer la poésie du vingtième siècle.

Texte 12

ARTHUR RIMBAUD (1854-1891), ***Les Illuminations***, **« Aube »** (1886)

Les mots ne font plus référence à l'univers réel, ils créent leur propre univers, comme dans ce poème en prose, poème de la genèse du monde et des mots.

J'ai embrassé l'aube d'été.

Rien ne bougeait encore au front des palais. L'eau était morte. Les camps d'ombres ne quittaient pas la route du bois. J'ai marché, réveillant les haleines vives et tièdes, et les pierreries regardèrent, et les ailes se levèrent sans bruit.

La première entreprise fut, dans le sentier déjà empli de frais et blêmes éclats, une fleur qui me dit son nom.

Je ris au wasserfall[1] blond qui s'échevela à travers les sapins : à la cime argentée je reconnus la déesse.

Alors je levai un à un les voiles. Dans l'allée, en agitant les bras. Par la plaine, où je l'ai dénoncée au coq. À la grand'ville elle fuyait parmi les clochers et les dômes, et, courant comme un mendiant sur les quais de marbre, je la chassais.

En haut de la route, près d'un bois de lauriers, je l'ai entourée avec ses voiles amassés, et j'ai senti un peu son immense corps. L'aube et l'enfant tombèrent au bas du bois.

Au réveil, il était midi.

---

1. Wasserfall : chute d'eau en allemand.

Paul Verlaine, le musicien

Comme Rimbaud, avec qui il entretint une liaison mouvementée (en 1872 et 1873), Verlaine (1844-1896) voit dans la poésie une aventure du langage. Mais, à la différence de son compagnon d'errance, il ne s'adonne pas à la « voyance » ni ne pratique le dérèglement des sens.

« De la musique avant toute chose [1] »

Œuvres principales
- *Poèmes saturniens*, 1866 ;
- *Fêtes galantes*, 1869 ;
- *Romances sans paroles*, 1874 ;
- *Sagesse*, 1880 ;
- *Jadis et Naguère*, 1884 ;
- *Parallèlement*, 1889.

Verlaine ne dissocie pas la poésie de la musique. Mètres souvent impairs, retour des motifs sonores, multiplication des allitérations[2] et des assonances[3] : la musique verlainienne est affaire de travail sur la langue.

Texte 13

PAUL VERLAINE (1844-1896), ***Romances sans paroles***, **« Ariettes oubliées », VIII** (1874)

Le titre du recueil met l'accent sur la musique ; quant aux « ariettes » (titre d'une section du recueil), elles désignaient au XVIII*e siècle des petits airs. Le poème qui suit est l'illustration de l'idéal poétique de Verlaine : faire de la musique avec des mots.*

Dans l'interminable
Ennui de la plaine
La neige incertaine
Luit comme du sable.

---

1. Paul Verlaine, *Jadis et Naguère*, « Art poétique », 1884.
2. **Allitération** : répétition de mêmes consonnes.
3. **Assonance** : répétition de mêmes voyelles.

Le ciel est de cuivre
Sans lueur aucune.
On croirait voir vivre
Et mourir la lune.

Comme des nuées
Flottent gris les chênes
Des forêts prochaines
Parmi les buées.

Le ciel est de cuivre
Sans lueur aucune.
On croirait voir vivre
Et mourir la lune.

Corneille poussive[1]
Et vous, les loups maigres,
Par ces bises aigres
Quoi donc vous arrive[2] ?

Dans l'interminable
Ennui de la plaine
La neige incertaine
Luit comme du sable.

Une esthétique impressionniste

À la netteté des formes, Verlaine préfère le flou des contours ; aux couleurs vives ou criardes, les demi-teintes ; aux descriptions réalistes, les sensations et les états d'âme. Autant de caractéristiques qui le rapprochent de l'impressionnisme (qui s'affirme à partir de 1874).

---

1. **Poussive** : qui manque de souffle (pour « pousser » son cri).
2. **Quoi donc vous arrive ?** : qu'est-ce qui vous arrive ? (« Quoi » étant ici un pronom interrogatif neutre).

Texte 14

PAUL VERLAINE (1844-1896), *Poèmes saturniens*, « Paysages tristes », « Soleils couchants » (1866)

Contours affaiblis, couleurs en demi-teintes, description d'un paysage à travers un état d'âme, qui lui-même devient un état d'âme : telles sont les caractéristiques de l'impressionnisme verlainien.

Une aube affaiblie
Verse par les champs
La mélancolie
Des soleils couchants.
La mélancolie
Berce de doux chants
Mon cœur qui s'oublie
Aux soleils couchants.
Et d'étranges rêves,
Comme des soleils
Couchants sur les grèves[1],
Fantômes vermeils[2],
Défilent sans trêves,
Défilent, pareils
À de grands soleils
Couchants sur les grèves.

Un poète en proie à la mélancolie et à l'incompréhension de soi

Entre mélancolie et nostalgie des temps heureux, mais révolus, le Poète demeure prisonnier de sa mémoire. Il en devient comme étranger à lui-même, ne comprenant plus ce qui l'anime, ni quel douloureuse énigme il porte au fond de soi.

1. Grèves : plages.
2. Vermeils : d'un rouge vif et léger (couleur des rayons du soleil couchant).

Texte 15

PAUL VERLAINE (1844-1896), ***Romances sans paroles*, « Ariettes oubliées », III** (1874)

Ce poème d'une extrême musicalité établit une équivalence entre un paysage et un état d'âme. La tristesse en est la tonalité dominante. Celle-ci est d'autant plus grande, plus énigmatique que le poète ne comprend pas quelle en est l'origine.

Il pleut doucement sur la ville.
(Arthur Rimbaud.)

Il pleure dans mon cœur
Comme il pleut sur la ville ;
Quelle est cette langueur
Qui pénètre mon cœur ?

Ô bruit doux de la pluie
Par terre et sur les toits !
Pour un cœur qui s'ennuie
Ô le chant de la pluie !

Il pleure sans raison
Dans ce cœur qui s'écœure.
Quoi ! nulle trahison ?...
Ce deuil est sans raison.

C'est bien la pire peine
De ne savoir pourquoi
Sans amour et sans haine
Mon cœur a tant de peine !

Un poète symboliste, malgré lui

Les poètes symbolistes salueront l'art de la suggestion de Verlaine et verront en lui un précurseur auquel se référer, même si celui-ci ne s'est jamais reconnu dans leur mouvement. Il n'en demeure pas moins que, par sa manière de disloquer le vers (enjambements et rejets), il accélère le divorce de la poésie et de la métrique, ouvrant ainsi la voie au vers libre, bien qu'il ne l'ait jamais lui-même pratiqué. Certains poèmes de *Romance sans paroles* inaugurent une écriture poétique de la modernité (primat et choc des sensations, effacement du locuteur, ruptures grammaticales).

Texte 16

PAUL VERLAINE (1844-1896), ***Romances sans paroles***, **« Paysages belges »**, **« Charleroi »** (1874)

La fugue amoureuse que Verlaine effectue en compagnie de Rimbaud en 1872 conduit les deux poètes en Belgique, à Bruxelles, Malines et Charleroi. Le poème qui suit se compose des impressions ressenties devant le paysage industriel et minier qu'il découvre. La modernité y apparaît violente, âpre, inhumaine.

Dans l'herbe noire
Les Kobolds[1] vont.
Le vent profond
Pleure, on veut croire.

Quoi donc se sent[2] ?
L'avoine siffle.
Un buisson gifle
L'œil au passant.

Plutôt des bouges
Que des maisons.
Quels horizons
De forges rouges !

On sent donc quoi ?
Des gares tonnent,

1. **Kobolds** : figures malfaisantes de la mythologie germanique, vivant sous terre.
2. **Quoi donc se sent ?** : qu'est-ce qu'on sent ? *Quoi* est ici un pronom interrogatif neutre. Seule demeure la sensation. Toute subjectivité *(je)* a disparu.

Les yeux s'étonnent,
Où Charleroi[1] ?

Parfums sinistres !
Qu'est-ce que c'est ?
Quoi bruissait
Comme des sistres[2] ?

Sites brutaux !
Oh ! votre haleine,
Sueur humaine,
Cris des métaux !

Dans l'herbe noire
Les Kobolds vont.
Le vent profond
Pleure, on veut croire.

LA POÉSIE SYMBOLISTE (1886-1895)

Le symbolisme naît officiellement en 1886 avec la publication du *Manifeste du symbolisme* de Jean Moréas (1856-1910) et la parution du premier numéro de la revue *Le Symboliste*. Dans les faits, il existait bien avant son baptême officiel.

Les poètes symbolistes s'insurgent contre le matérialisme de leur époque. À leurs yeux, le monde n'est pas réductible à la seule matière : derrière le visible, il y a l'Invisible. En déceler les signes, tel est le but qu'ils s'assignent.

Le symbole devient l'outil privilégié de leur quête. Représentant concrètement une réalité abstraite, il comporte deux éléments : un comparant (l'abstrait) et un comparé (le concret) : méprisé sur terre, majestueux dans les cieux, l'albatros est ainsi, chez Baudelaire, le symbole de la condition du poète.

1. Charleroi : ville industrielle et minière de la province du Hainaut.
2. Sistres : instruments de musique à percussion de l'Égypte ancienne.

L'esthétique symboliste

Un art de la suggestion

Selon Mallarmé, « *nommer* un objet, c'est supprimer les trois quarts de la jouissance du poème qui est faite du bonheur de deviner peu à peu : le *suggérer*, voilà le rêve. C'est le parfait usage de ce mystère qui constitue le symbole : évoquer petit à petit un objet pour montrer un état d'âme ou, inversement, choisir un objet et en dégager un état d'âme par une série de déchiffrements » (*Sur l'évolution littéraire*, réponse à une enquête de Jules Huret, 1891).

Correspondances baudelairiennes, allusions, analogies, symboles forment la panoplie de l'écriture symboliste.

Un langage de la musicalité

La musique (rythmes et rimes, jeu des sonorités et cadences) en est une autre caractéristique fondamentale : « Il faut reprendre à la musique tout son bien », dit encore Mallarmé (*Sur l'évolution littéraire*). Et, selon Verlaine, il faut :

« De la musique avant toute chose,
Et pour cela préfère l'Impair
Plus vague et plus soluble dans l'air,
Sans rien en lui qui pèse ou qui pose. »

(*Jadis et Naguère*, « Art poétique », 1884)

La libération du vers

Ce primat de la musique consacre le divorce définitif de la poésie et de la métrique – même si Mallarmé a toujours privilégié l'alexandrin. Le symbolisme revendique l'usage du vers libre. De rythmes et de longueurs variables, les vers libres ne sont pas obligatoirement reliés par la rime. Obéissant à des jeux d'assonances, d'allitérations ou d'homophonies, ils ne relèvent d'aucune structure fixe. Plus souples, ils sont ainsi plus aptes à épouser les modalités de la pensée et les vibrations de l'émotion.

Eugène Delacroix, ***Femmes d'Alger dans leur appartement,*** 1834
→ LECTURE DE L'IMAGE 3 • p. 136

Claude Monet, ***Impression soleil levant,*** 1872

→ LECTURE DE L'IMAGE 4 • p. 136

Vincent Van Gogh, ***Champ de blé au corbeaux,*** 1890

→ **LECTURE DE L'IMAGE 5** • p. 137

René Magritte, ***La lampe philosophique,*** 1936

→ LECTURE DE L'IMAGE 6 • p. 137

Stéphane Mallarmé, le chef de file des poètes symbolistes

Mallarmé (1842-1898) s'impose très vite comme le chef de file des poètes symbolistes.

Fuir par dégoût du monde

Ses premières poésies sont d'inspiration baudelairienne : la fuite vers un ailleurs pour échapper à la laideur du monde, l'aspiration à l'Idéal sont autant de thèmes repris des *Fleurs du mal.*

Œuvres principales
- *Poésies et Proses* (1862-1864) ;
- *Poésies* (1870-1898) ;
- *L'Après-midi d'un faune* (1876) ;
- *Un coup de dés n'abolira jamais le hasard* (1897).

Texte 17

STÉPHANE MALLARMÉ (1842-1898), ***Poésies***, **« Brise marine »** (1870)

« Brise marine » est l'exemple même de cette quête de l'ailleurs. Au présent qu'il rejette (refus de la sensualité, de la culture), le poète préfère l'inconnu, symbole de découverte et de liberté.

La chair est triste, hélas ! et j'ai lu tous les livres.
Fuir ! là-bas fuir ! Je sens que des oiseaux sont ivres
D'être parmi l'écume inconnue des cieux !
Rien, ni les vieux jardins reflétés par les yeux
Ne retiendra ce cœur qui dans la mer se trempe,
Ô nuits ! ni la clarté déserte de ma lampe
Sur le vide papier que la blancheur défend
Et ni la jeune femme allaitant son enfant.
Je partirai ! Steamer[1] balançant ta mâture[2],
Lève l'ancre pour une exotique nature !
Un Ennui, désolé par les cruels espoirs,

1. **Steamer** : bateau à vapeur.
2. **Mâture** : ensemble des mâts d'un navire.

Croit encore à l'adieu suprême des mouchoirs !
Et, peut-être, les mâts, invitant les orages,
Sont-ils ceux que le vent penche sur les naufrages
Perdus, sans mâts, sans mâts, ni fertiles îlots.
Mais, ô mon cœur, entends le chant des matelots !

Constatant toutefois que l'Idéal est à jamais inaccessible, Mallarmé conclut à son inexistence et, dès lors, part à la recherche d'une poésie qui n'existe que dans et par le langage (dans les mots), mais dans un langage ciselé, travaillé et le cas échéant grammaticalement disloqué. Avec Mallarmé, la poésie conquiert définitivement son autonomie.

La recherche de symboles épurés

Chez Mallarmé, en quête d'une poésie pure, le symbole s'épure au point que le comparé (l'élément concret) disparaisse presque totalement. De là vient sa réputation de poète hermétique.

Texte 18

STÉPHANE MALLARMÉ (1842-1898), ***Poésies*** (1870-1898)

Ce sonnet est bâti sur l'image du cygne, pris dans les glaces de l'hiver, qui souhaiterait reprendre son vol vers l'Azur, tel le poète souhaitant parvenir à l'Idéal.

Le vierge, le vivace et le bel aujourd'hui
Va-t-il nous déchirer avec un coup d'aile ivre
Ce lac dur oublié que hante sous le givre
Le transparent glacier des vols qui n'ont pas fui !

Un cygne d'autrefois se souvient que c'est lui,
Magnifique mais qui sans espoir se délivre
Pour n'avoir pas chanté la région où vivre
Quand du stérile hiver a resplendi l'ennui.

Tout son col secouera cette blanche agonie
Par l'espace infligée à l'oiseau qui le nie,
Mais non l'horreur du sol où le plumage est pris.

Fantôme qu'à ce lieu son pur éclat assigne,
Il s'immobilise au songe froid de mépris
Que vêt[1] parmi l'exil inutile le Cygne.

Un langage quasi sacré

Que la poésie de Mallarmé soit difficile d'accès est une évidence, qu'elle soit réservée aux seuls initiés est un contresens. Le langage est pour le poète une réalité quasi sacrée, qu'on ne peut s'approprier que lentement.

Texte 19

STÉPHANE MALLARMÉ (1842-1898), ***Poésies*** (1870-1898)

Dans le poème qui suit, le vide d'une chambre renvoie à un vide intérieur, à l'absence de l'œuvre poétique.

Une dentelle[2] s'abolit
Dans le doute du Jeu suprême[3]
À n'entr'ouvrir comme un blasphème
Qu'absence éternelle de lit.

Cet unanime blanc conflit
D'une guirlande avec la même,
Enfoui contre la vitre blême
Flotte plus qu'il n'ensevelit.

Mais, chez qui du rêve se dore
Tristement dort une mandore[4]
Au creux néant musicien

1. **Vêt** : habille (du verbe « vêtir »).
2. **Dentelle** : dentelle d'un rideau.
3. **Jeu suprême** : l'alternance de la nuit et du jour.
4. **Mandore** : vieil instrument de musique, ressemblant à un luth.

Telle que vers quelque fenêtre
Selon nul ventre que le sien,
Filial on aurait pu naître.

Dernier poème de Mallarmé, *Un coup de dés jamais n'abolira le hasard* (1897) représente l'expérience la plus élaborée du symbolisme dans sa quête d'atteindre à l'essence des choses. Par sa disposition sur la page et par sa typographie, ce poème devient un objet poétique. Mallarmé y rapproche la démarche de la Pensée qui tente de saisir le chaos du monde du Langage (du Verbe) qui impose son ordre et son sens.

■ La mouvance symboliste

Le symbolisme ne se résume pas à Mallarmé. Très différents les uns des autres, plusieurs autres poètes, tant français qu'étrangers, s'en réclamèrent tels :
– Jules Laforgue (1860-1887), chercheur désabusé d'absolu, auteur de trois recueils : *Les Complaintes* (1885), *L'Imitation de Notre-Dame*, et *Des Fleurs de bonne volonté* (1890, posthume) ;
– Tristan Corbière (1845-1875), poète maudit et auteur d'un unique recueil : *Les Amours jaunes* (1873) ;
– Charles Cros (1842-1888), inventeur et poète, toujours en quête d'un nouveau langage, dont le premier recueil est : *Le Coffret de santal* (1873) ;
– Albert Samain (1858-1900), peintre des états d'âme et auteur du recueil : *Au jardin de l'Infante* (1893) ;
– Maurice Maeterlinck (1862-1949), qui place le symbole avant tout, est l'auteur du recueil : *Serres chaudes* (1889).
– Stuart Merrill (1863-1915), ce musicien des mots dont le recueil le plus connu est : *Les Gammes* (1887).

Les gammes de Stuart Merill, une illustration de l'écriture symboliste

Disciple de Mallarmé et théoricien du symbolisme, Stuart Merrill, né aux États-Unis, cherche à suggérer l'ordre mystérieux du monde en privilégiant la musique : « La Poésie étant à la fois Verbe et Musique est merveilleusement apte à cette suggestion d'un infini qui n'est souvent que de l'indéfini. Par le Verbe elle dit et pense, par la Musique elle chante et rêve » (*Credo*, 1893).

Texte 20

STUART MERRILL (1863-1915), ***Les Gammes*, « Nocturne »** (1887)

Ainsi les quatrains sont-ils construits sur des répétitions, des allitérations et des assonances, dont le titre du recueil et celui du poème appartiennent au vocabulaire musical.

La blême lune allume en la mare qui luit,
Miroir des gloires d'or, un émoi[1] d'incendie.
Tout dort. Seul, à demi-mort, un rossignol de nuit
Module en mal d'amour sa molle mélodie.

Plus ne vibrent les vents en le mystère vert
Des ramures. La lune a tu leurs voix nocturnes :
Mais à travers le deuil du feuillage entr'ouvert
Pleuvent les bleus baisers des astres taciturnes[2].

La vieille volupté de rêver à la mort
À l'entour de la mare endort l'âme de choses.
À peine la forêt parfois fait-elle effort
Sous le frisson furtif des métamorphoses.

1. **Émoi** : émotion.
2. **Taciturnes** : renfermés et peu bavards.

Chaque feuille s'efface en des brouillards subtils.
Du zénith de l'azur ruisselle la rosée
Dont le cristal s'incruste en perles aux pistils
Des nénufars flottant dans l'eau fleurdelisée[1].

Rien n'émane du soir, ni vol, ni vent, ni voix,
Sauf lorsqu'au loin des bois, par soudaines saccades,
Un ruisseau turbulent croule sous les gravois[2] :
L'écho s'émeut alors de l'éclat des cascades.

LA POÉSIE DE L'AVANT-GARDE (début du XXe siècle)

■ Guillaume Apollinaire et l'esprit nouveau

Le début du XXe siècle voit l'émergence d'une avant-garde. Avec l'automobile, l'aéroplane, le cinéma ou le télégraphe, l'époque est à la modernité. Elle impose de redéfinir la nature de la poésie, qui s'est déjà émancipée des contraintes de la versification. Ce sont désormais l'inventivité et la surprise qui doivent l'emporter. Apollinaire (1880-1918) s'affirme ainsi « un poète nouveau autant dans la forme que dans le fond[3] ».

Une poésie de la modernité

Dans nombre des poèmes d'Apollinaire, le vers libre alterne avec le verset. Toute ponctuation disparaît, au profit du seul rythme. Les rimes cèdent la place aux assonances. Les images, parfois insolites, se juxtaposent.

Œuvres principales
- *Alcools*, 1913 ;
- *Calligrammes*, 1918 ;
- *Poèmes à Lou*, 1955 (posthume).

1. **Fleurdelisée** : qui a l'apparence d'une fleur de lys.
2. **Gravois** : gravats, morceaux de pierre.
3. Michel Décaudin, *Le dossier d'*Alcools, Droz, 1960.

Texte 21

GUILLAUME APOLLINAIRE (1880-1918), ***Alcools*, « Zone »** (extraits ; 1913)

Le vocabulaire technique ainsi que la langue du quotidien font leur apparition dans ce début de ce poème, qui ouvre Alcools.

À la fin tu es las de ce monde ancien
Bergère ô tour Eiffel le troupeau des ponts bêle ce matin

Tu en as assez de vivre dans l'antiquité grecque et romaine

Ici même les automobiles ont l'air d'être anciennes
La religion seule est restée toute neuve la religion
Est restée simple comme les hangars de Port-Aviation[1] [...]

Tu lis les prospectus les catalogues les affiches qui chantent tout haut
Voilà la poésie ce matin et pour la prose il y a les journaux
Il y a les livraisons à 25 centimes pleines d'aventures policières
Portraits des grands hommes et mille titres divers

J'ai vu ce matin une jolie rue dont j'ai oublié le nom
Neuve et propre du soleil elle était le clairon[2]
Les directeurs les ouvriers et les belles sténo-dactylographes[3]
Du lundi matin au samedi soir quatre fois par jour y passent
Le matin par trois fois la sirène y gémit
Une cloche rageuse y aboie vers midi
Les inscriptions des enseignes et des murailles
Les plaques les avis à la façon des perroquets criaillent[4]
J'aime la grâce de cette rue industrielle
Située à Paris entre la rue Aumont-Thiéville et l'avenue des Ternes

---

1. **Port-aviation** : nom de l'aérodrome installé près de Paris sur la commune de Viry-Châtillon.
2. **Clairon** : trompette.
3. **Sténo-dactylographes** : nom des secrétaires qui prenaient des notes en sténographie (écriture abrégée et simplifiée).
4. **Criaillent** : crient désagréablement.

De nouvelles formes poétiques

Avec ses « calligrammes », Apollinaire fait du poème une forme qui tout en restant auditive devient visuelle : mots et phrases affectent la forme d'un dessin, qui représente ce que le texte dit ou décrit. À l'époque du cinéma et des images publicitaires, le poème est d'abord destiné à être vu avant d'être lu.

Texte 22

GUILLAUME APOLLINAIRE (1880-1918), ***Calligrammes*, « La Cravate et la montre »** (1918)

Le poème ci-contre illustre parfaitement ce qu'est un calligramme. En haut à droite de la page, les mots dessinent une cravate. Le corps du texte représente une montre, sous la forme alors très courante de ce qu'on appelait un oignon.

Le renouvellement des thèmes traditionnels

Apollinaire ne rejette pas pour autant la tradition. Il reprend les thèmes traditionnels de la poésie élégiaque – tels que la fuite du temps, les amours mortes ou la nostalgie des temps heureux – tout en leur donnant une forme et une expression nouvelles.

Texte 23

GUILLAUME APOLLINAIRE (1880-1918), ***Alcools*, « Le Pont Mirabeau »** (1913)

Ce poème, sans doute l'un des plus célèbres d'Apollinaire et l'une de ses plus belles réussites, illustre ce renouvellement thématique et formel.

Sous le pont Mirabeau coule la Seine
Et nos amours
Faut-il qu'il m'en souvienne
La joie venait toujours après la peine

Vienne la nuit sonne l'heure
Les jours s'en vont je demeure

La cravate et la montre

LA CRAVATE
DOU
LOU
REUSE
QUE TU
PORTES
ET QUI T'
ORNE O CI
VILISÉ
OTE- TU VEUX
LA BIEN
SI RESPI
RER

COMME L'ON
S'AMUSE
BI
EN

les
heures

la
beau
Mon
cœur
té
de
la
s
yeux
vie
pas
se
l'enfant
la
dou
leur
Agla
de
mou
rir

et le
vers
dantesque
luisant et
cadavérique

le bel
inconnu

Il
est
—
5
en
fin

Et
tout
se
ra
fi
ni

les Muses
aux portes de
ton corps

l'infini
redressé
par un fou
de philosophe

semaine

la main

Les mains dans les mains restons face à face
Tandis que sous
Le pont de nos bras passe
Des éternels regards l'onde si lasse

Vienne la nuit sonne l'heure
Les jours s'en vont je demeure

L'amour s'en va comme cette eau courante
L'amour s'en va
Comme la vie est lente
Et comme l'Espérance est violente

Vienne la nuit sonne l'heure
Les jours s'en vont je demeure

Passent les jours et passent les semaines
Ni temps passé
Ni les amours reviennent
Sous le pont Mirabeau coule la Seine

Vienne la nuit sonne l'heure
Les jours s'en vont je demeure

■ Un cas particulier : Paul Valéry ou la poésie comme exercice de l'esprit

Disciple de Mallarmé, Valéry (1871-1945) s'inscrit à ses débuts dans la lignée des poètes symbolistes. Le primat de l'idée sur le concret, de la suggestion sur la représentation et de la musique sur le sens retient son attention. Long poème de plus de 500 vers (qui lui a demandé quatre ans de travail !), *La Jeune Parque* (1917) le rend célèbre quasiment du jour au lendemain.

Œuvres principales
- *La Jeune Parque*, 1917 ;
- *Album des vers anciens*, 1920 ;
- *Charmes*, 1922.

En quête de « poésie pure »

« Poésie pure » : la formule est de Valéry lui-même. Par cette expression, celui-ci entend que la poésie doit exclure tout ce que la prose peut prendre en charge (la narration, l'analyse psychologique, le débat…). Sa fonction n'est pas de communiquer, mais de créer un « état émotif ». Seuls les mots, leur alliance, leur sonorité, leur originalité créent l'univers poétique. Au lecteur de savoir les apprécier. Comme l'écrit Valéry à propos de *Charmes*, « c'est le son, c'est le rythme, ce sont les rapprochements physiques des mots, leurs effets d'induction ou leurs influences mutuelles qui l'emportent[1]. »

Texte 24

PAUL VALÉRY (1871-1945), ***Charmes*, « Les Pas »** (1922)

« Les Pas » peuvent s'interpréter de deux façons différentes, et toutes deux légitimes : on peut y voir le symbole de l'attente amoureuse ou celui de l'inspiration. Quelle que soit la signification retenue, seul reste et compte en définitive la musicalité des quatrains.

Tes pas, enfants de mon silence,
Saintement, lentement placés,
Vers le lit de ma vigilance
Procèdent muets et glacés.

Personne pure, ombre divine,
Qu'ils sont doux, tes pas retenus !
Dieux !… tous les dons que je devine
Viennent à moi sur ces pieds nus !

Si, de tes lèvres avancées,
Tu prépares pour l'apaiser,
À l'habitant de mes pensées
La nourriture d'un baiser,

1. Préface au *Commentaire de « Charmes »* d'Alain, Paris, Gallimard, 1929.

Ne hâte pas cet acte tendre,
Douceur d'être et de n'être pas,
Car j'ai vécu de vous attendre,
Et mon cœur n'était que vos pas.

Une poésie exigeante

La poésie de Paul Valéry passe pour être difficile d'accès. Des images souvent inattendues, un vocabulaire parfois savant, des tournures grammaticales complexes requièrent du lecteur attention et patience. Il s'agit d'une « fête de l'intellect (de l'intelligence)[1] » qui se mérite.

Texte 25

PAUL VALÉRY (1871-1945), ***Charmes*, « Le Cimetière marin »** (extraits ; 1922)

« Le Cimetière marin » est le poème le plus célèbre de Charmes. *Ce cimetière est celui de Sète (où Valéry est inhumé), qui domine la mer que l'on aperçoit à travers les pins. Méditation sur la vie et la mort, ce poème de 24 sizains est exemplaire de l'art de Valéry, poète de la lumière et de la beauté du monde. Si le poète rejette toute idée d'immortalité, cette certitude qui l'habite n'entame pas sa sérénité. L'inéluctabilité de la mort ne doit pas empêcher de vivre. C'est ce que dit le dernier sizain, très lyrique et très connu.*

Ce toit[2] tranquille, où marchent des colombes[3],
Entre les pins palpite, entre les tombes ;
Midi le juste y compose des feux
La mer, la mer, toujours recommencée !
Ô récompense après une pensée
Qu'un long regard sur le calme des dieux !

1. Préface au *Commentaire de « Charmes »* d'Alain, Paris, Gallimard, 1929.
2. **Toit** : la surface étincelante de la mer.
3. **Colombes** : les voiles des bateaux.

Quel pur travail de fins éclairs consume[1]
Maint[2] diamant d'imperceptible écume
Et quelle paix semble se concevoir !
Quand sur l'abîme un soleil se repose,
Ouvrages purs d'une éternelle cause,
Le Temps scintille et le Songe est savoir.

Stable trésor, temple simple à Minerve[3],
Masse de calme, et visible réserve,
Eau sourcilleuse, Œil qui gardes en toi
Tant de sommeil sous un voile de flamme,
Ô mon silence !... Édifice dans l'âme,
Mais comble d'or aux milles tuiles, Toit !

Temple du Temps, qu'un seul soupir résume,
À ce point pur je monte et m'accoutume,
Tout entouré de mon regard marin ;
Et comme aux dieux mon offrande suprême,
La scintillation[4] sereine sème
Sur l'altitude un dédain souverain.

[...]

Le vent se lève !... il faut tenter de vivre !
L'air immense ouvre et referme mon livre,
La vague en poudre ose jaillir des rocs !
Envolez-vous, pages tout éblouies !
Rompez, vagues ! Rompez d'eaux réjouies
Ce toit tranquille où picoraient des focs[5] !

1. Consume : au sens latin de « enferme ».
2. Maint : de nombreux.
3. Minerve : déesse de l'intelligence et des arts.
4. Scintillation : variation rapide de la couleur et de l'éclat, ici du soleil.
5. Focs : voiles.

LE SURRÉALISME ET LA POÉSIE (1924 - 1966)

Les principes du surréalisme

Le *Manifeste du surréalisme* (1924) d'André Breton précise ce qu'est le surréalisme sous la forme d'une définition de dictionnaire : « SURRÉALISME, n.m. Automatisme psychique pur par lequel on se propose d'exprimer, soit verbalement, soit par écrit, soit de toute autre manière, le fonctionnement réel de la pensée en l'absence de tout contrôle exercé par la raison, en dehors de toute préoccupation esthétique ou morale. » [© Pauvert, département de la Librairie Arthème Fayard 1962 et 1979]

Quelques poètes surréalistes

- André Breton (1896-1966) : *Clair de terre* (1923), *L'Union libre* (1931) ;
- Philippe Soupault (1897-1990) : *Georgia* (1926), *Poésies complètes 1917-1937* (1937), *Poèmes et Poésies* (1973) ;
- Robert Desnos (1900-1945) : *La Liberté ou l'Amour* (1927), *Corps et biens* (1930) ;
- Paul Éluard (1895-1952) : *Capitale de la douleur* (1926), *L'Amour, la poésie* (1929), *La Vie immédiate* (1932), *Les Yeux fertiles* (1936) ;
- Louis Aragon (1897-1982) : *Feu de joie* (1919), *Le Crève-cœur* (1941), *Les Yeux d'Elsa* (1942).

Le surréalisme repose sur une triple certitude : l'échec du rationalisme, répressif et superficiel ; le rôle majeur de l'inconscient, à la suite des découvertes de Freud ; l'existence d'un surréel, qui n'est pas un au-delà de la mort, mais qui réside dans une libération de l'imaginaire et du désir.

Dans son principe, le surréalisme relève de toutes les formes d'expression artistique (la peinture, la sculpture, le cinéma…). C'est toutefois dans le domaine de la poésie qu'il s'est le mieux illustré.

Aux sources de la poésie surréaliste : l'amour et le rêve

La libération de l'imaginaire et du désir conduit les poètes surréalistes à privilégier la vie onirique (le monde du rêve, nocturne ou diurne) et la passion amoureuse. Pas de poésie sans amour et pas d'amour sans érotisme. Le rêve et le désir libèrent les forces vitales et permettent à l'être de trouver son harmonie profonde. Dans le même temps, tous deux colorent le réel de merveilleux.

Texte 26

ROBERT DESNOS (1900-1945), **« J'ai tant rêvé de toi »** in *À la mystérieuse* recueilli dans *Corps et Biens*, © Éditions Gallimard

Ainsi dans ce poème de Robert Desnos (1930), où la femme aimée, désirée, prend une apparence irréelle, presque fantomatique.

J'ai tant rêvé de toi que tu perds ta réalité.

Est-il encore temps d'atteindre ce corps vivant et de baiser sur cette bouche la naissance de la voix qui m'est chère ?

J'ai tant rêvé de toi que mes bras habitués, en étreignant ton ombre, à se croiser sur ma poitrine ne se plieraient pas au contour de ton corps, peut-être.

Et que, devant l'apparence réelle de ce qui me hante et me gouverne depuis des jours et des années, je deviendrais une ombre sans doute.

Ô balances sentimentales.

J'ai tant rêvé de toi qu'il n'est plus temps sans doute que je m'éveille. Je dors debout, le corps exposé à toutes les apparences de la vie et de l'amour et toi, la seule qui compte aujourd'hui pour moi, je pourrais moins toucher ton front et tes lèvres que les premières lèvres et le premier front venus.

J'ai tant rêvé de toi, tant marché, parlé, couché avec ton fantôme qu'il ne me reste plus peut-être, et pourtant, qu'à être fantôme parmi les fantômes et plus ombre cent fois que l'ombre qui se promène et se promènera allègrement sur le cadran solaire de ta vie.

L'importance de l'image dans la poésie surréaliste

La poésie surréaliste accorde une place prépondérante à l'image. Que ce soit une comparaison ou une métaphore, elle consiste dans un rapprochement de deux réalités, très différentes l'une de l'autre et sans rapport logique entre elles. Son but est de créer un choc. Plus l'écart entre ces deux réalités sera grand, plus ce choc sera fort.

Texte 27

PAUL ÉLUARD (1895-1952), **« La terre est bleue comme une orange »** in *L'Amour la poésie* recueilli dans *Capitale de la douleur*, © Éditions Gallimard

Cet extrait du poème d'Éluard (1929), dont le premier vers est devenu célèbre est la preuve de la totale liberté du poète dans l'utilisation du langage, en dehors de toute logique (encore que la Terre soit effectivement bleue vue du ciel...). Seul compte l'effet produit, seul importe le choc de la surprise.

La terre est bleue comme une orange
Jamais une erreur les mots ne mentent pas
Ils ne vous donnent plus à chanter
Au tour des baisers de s'entendre
Les fous et les amours
Elle sa bouche d'alliance
Tous les secrets tous les sourires
Et quels vêtements d'indulgence
À la croire toute nue. [...]

Texte 28

ANDRÉ BRETON (1896-1966), **« L'Union libre »** in Clair de terre, © Éditions Gallimard

Voici un autre exemple de langage en liberté. Dans ce début de poème (1931) qui fusionne les thèmes majeurs du surréalisme (rêve, merveilleux, amour, puissance d'images inattendues), Breton accumule les images sans lien logique les unes avec les autres. La femme devient celle par qui le monde se perçoit et s'explique.

Ma femme à la chevelure de feu de bois
Aux pensées d'éclairs et de chaleur
À la taille de sablier
Ma femme à la taille de loutre entre les dents du tigre
Ma femme à la bouche de cocarde et de bouquet d'étoiles de dernière grandeur
Aux dents d'empreintes de souris blanche sur la terre blanche
À la langue d'ambre et de verre frottés
Ma femme à la langue d'hostie poignardée
À la langue de poupée qui ouvre et ferme les yeux
À la langue de pierre incroyable
Ma femme aux cils de bâtons d'écriture d'enfant
Aux sourcils de bord de nid d'hirondelle
Ma femme aux tempes d'ardoise de toit de serre
Et de buée aux vitres
Ma femme aux épaules de champagne
Et de fontaine à têtes de dauphins sous la glace
Ma femme aux poignets d'allumettes
Ma femme aux doigts de hasard et d'as de cœur
Aux doigts de foin coupé [...]

Si déroutant parfois soit-il, le surréalisme modifie notre rapport au langage en faisant des mots un moyen privilégié d'exploration de l'inconscient. En réhabilitant l'insolite, l'étrange, il change notre manière de voir et d'observer. Il fait entrer la poésie dans la vie : il fait de la vie la poésie même.

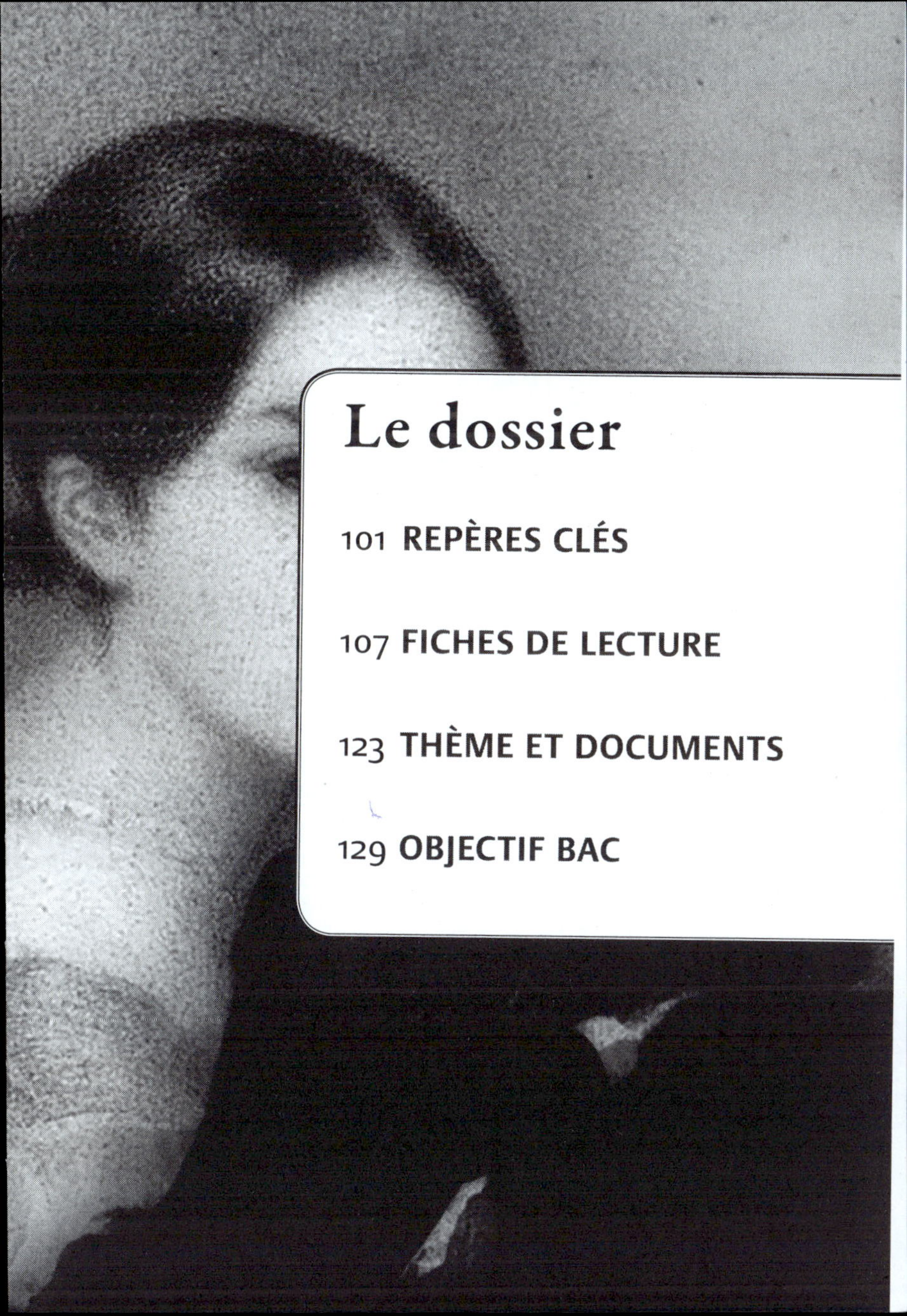

Le dossier

Le contexte historique et littéraire

DEUX RÉVOLUTIONS ET TROIS RÉGIMES POLITIQUES

• Hugo traverse presque tout le XIXe siècle : il naît en 1802 sous le Consulat (1799-1804) et meurt en 1885 sous la Troisième République. La chute du Premier Empire (1804-1814) conduit à la Restauration, c'est-à-dire au rétablissement de la monarchie : ce sont successivement les règnes de Louis XVIII (1815-1824) et de Charles X (1824-1830), lequel est renversé par la Révolution de 1830. Lui succède Louis-Philippe, à son tour chassé du trône par la Révolution de 1848.

• Le 24 février 1848, la Seconde République est proclamée. Le prince Louis-Napoléon Bonaparte, neveu de Napoléon Ier, en est élu président le 10 décembre. Il y met fin le 2 décembre 1851 par un coup d'État, par lequel il se proclame président à vie. Formellement, c'est toujours la République ; dans les faits, elle est déjà morte. Un an plus tard, le 2 décembre 1852, naît officiellement le Second Empire. La guerre perdue en 1870 contre la Prusse entraîne sa chute. La Troisième République est proclamée le 4 septembre 1870.

• Hostile tout autant aux Prussiens qui campent aux portes de la capitale qu'à Thiers, chef du pouvoir exécutif, un gouvernement révolutionnaire se forme à Paris : c'est l'insurrection de la Commune, sauvagement réprimée, notamment durant la Semaine sanglante du 21 au 28 mai 1871.

• En 1873, Thiers démissionne, Mac-Mahon est élu président de la République. Lui succède Jules Grévy. Cette Troisième République, qui affrontera au siècle suivant le choc de la Première Guerre mondiale et s'effondrera dans le désastre de 1940, aura eu le mérite de favoriser l'avènement de la démocratie politique.

PROGRÈS ET MUTATIONS SOCIALES

• Le XIXe siècle voit la naissance d'une civilisation et d'un capitalisme industriels. La production massive d'acier favorise l'essor de constructions métalliques (ponts, viaducs), dont la construction de la tour Eiffel en 1889, pour célébrer le centenaire de la Révolution, est le symbole. Témoins de ce développement, cinq expositions universelles se tiennent à Paris entre 1855 et 1900.

• Les progrès techniques sont sans précédent : développement des chemins de fer à partir de 1840, invention du moteur à essence en 1860, invention par Bell du

téléphone en 1876, du phonographe par Edison et Charles Cros en 1877 et, quelques années après la mort de Victor Hugo, premiers vols sur engin motorisé de Clément Ader en 1890. Les progrès ne sont pas moindres dans le domaine médical et scientifique : en biologie, Darwin élabore sa théorie de l'évolution (1859), Koch découvre le bacille de la tuberculose (1882), Pasteur travaille sur la rage (à partir de 1880)…

• La société s'en trouve profondément modifiée. Les concentrations industrielles généralisent le salariat, vécu comme une nouvelle forme d'esclavage. Exploité, sous-payé, un prolétariat, toujours plus nombreux, s'agglutine dans les faubourgs. La « question sociale » (travail des enfants, durée du temps de travail, salaire…) soulève un débat passionné sur les modes de production et la répartition des richesses.

ÉVOLUTIONS LITTÉRAIRES : ROMANTISME, PARNASSE ET RÉALISME

• Des *Méditations poétiques* (1820) d'Alphonse de Lamartine (1790-1869), accueillies avec enthousiasme, à l'échec, au théâtre, des *Burgraves* (1843) de Victor Hugo le romantisme domine la première moitié du XIXe siècle. C'est le temps du Moi, du triomphe de l'individu, ne cachant pas davantage ses souffrances que son dési d'absolu et de liberté.

• Contre les épanchements du cœur, Théophile Gautier (1811-1872) prône un retou à un art plus formel. Il ouvre ainsi la voie à l'école de « l'art pour l'art » et au Parnasse lequel privilégie, dans les années 1860, la technique et la virtuosité au détriment d l'inspiration. Charles Baudelaire (1821-1867 ; *Les Fleurs du mal*, 1857) s'ouvre à l modernité et oriente la poésie vers l'exploration des gouffres intérieurs.

• Le roman connaît un véritable âge d'or avec Honoré de Balzac (1799-1850 Stendhal (1783-1842) et Gustave Flaubert (1821-1880). Durant les années 1850-187 triomphe le réalisme. Le naturalisme s'impose avec Émile Zola (1840-1902) qui, d 1871 à 1893, conçoit sa vaste fresque des *Rougon-Macquart*.

Le contexte biographique

Victor Hugo naît le 26 février 1802 à Besançon où son père, officier de carrière, est en garnison. Son enfance est vagabonde en raison des diverses affectations de ce dernier : Marseille, la Corse, Naples, l'Espagne. Ses parents ne s'entendant pas, le couple se sépare. Hugo suit sa mère à Paris.

LE CHEF DE FILE DU ROMANTISME (1829-1851)

• Poète novateur et fécond, Hugo s'impose en quelques années comme la figure de proue du romantisme, publiant successivement plusieurs recueils : *Les Orientales* (1829), *Les Feuilles d'automne* (1831), *Les Rayons et les Ombres* (1840), *Les Chants du crépuscule* (1835) et *Les Voix intérieures* (1837). Formant le Cénacle, de jeunes écrivains (Alexandre Dumas, Théophile Gautier, Alfred de Musset, Gérard de Nerval...) se réunissent autour de lui, tous ennemis des conventions et partisans de la plus totale liberté en art.

• Dramaturge, Hugo crée un nouveau type de pièce : le drame romantique, dont il expose la théorie dans la Préface de *Cromwell* (1827). La première d'*Hernani* (25 février 1830) en consacre le triomphe. Suivent *Marion Delorme* (1831), *Marie Tudor* et *Lucrèce Borgia* (1833), *Ruy Blas* (1838) et *Les Burgraves* (1843), dont l'échec signe le déclin du genre.

• Romancier, Hugo s'oriente vers le roman historique (*Notre-Dame de Paris*, 1831) et le roman social avec *Les Misérables* (1845-1861), *Le Dernier jour d'un condamné* (1829) ou *Claude Gueux* (1834), qui sont des manifestes contre la peine de mort.

LA NOTORIÉTÉ, LES REVERS ET LE DEUIL (1836-1843)

• D'être le chef de file du romantisme vaut tout à la fois à Hugo une notoriété rapide et de violentes attaques. Les tenants du classicisme, qu'il pourfend, ne ménagent pas leurs critiques à son encontre. Hugo voit ainsi sa candidature à l'Académie française rejetée quatre fois (une fois 1836, deux en 1839 et une autre en 1840). Il y est finalement élu en 1841. L'audace de son théâtre lui attire par ailleurs des démêlés avec la censure.

Sur le plan personnel, son mariage avec Adèle Foucher, qu'il a épousée en 1822, est un échec. En 1833, Hugo rencontre l'actrice Juliette Drouet, qui devient sa maîtresse et à laquelle il restera fidèle, au moins de cœur, jusqu'à sa mort. Quant à sa femme, elle entretient une liaison avec le critique littéraire Sainte-Beuve.

• Le 4 septembre 1843, Hugo connaît son plus grand drame intérieur : ce jour-là sa fille Léopoldine, âgée de dix-neuf ans, se noie dans la Seine, près de Villequier, avec son jeune mari, Charles Vacquerie.

UN EXILÉ CÉLÈBRE (1851-1870)

• Monarchiste et conservateur à ses débuts au point d'avoir été nommé pair de France en 1845, Hugo se rapproche progressivement de la gauche républicaine. Élu député suite à la révolution de 1848 (chute de la monarchie et instauration de la IIe République), il soutient le nouveau régime et son Prince-Président, Louis-Napoléon Bonaparte.

• Le coup d'État du 2 décembre 1851 fait de lui un farouche adversaire du Secon Empire et de Napoléon III. Menacé d'arrestation, Hugo se réfugie d'abord à Bruxelle puis s'exile dans les îles anglo-saxonnes de Jersey et de Guernesey.

• De son exil, Hugo poursuit le combat politique. En 1853, il publie d'abord clan destinement les *Châtiments*, qui sont un réquisitoire sans appel contre l'Empereur Il n'en néglige pas pour autant d'autres aspects de sa création poétique : en 1856 il publie *Les Contemplations*, vaste méditation sur la condition humaine.

LA CONSÉCRATION ET LA GLOIRE (1870-1885)

• Hugo revient à Paris où il est triomphalement accueilli en septembre 1870 aprè la chute du Second Empire et la proclamation de la IIIe République.

• La mort de ses deux fils (de Charles en 1871, de François-Victor en 1873) puis d Juliette Drouet, en 1883, assombrissent ses dernières années.

• Hugo n'en continue pas moins d'écrire. Dans la veine du roman historique, publie *Quatre-vingt-treize* (1874). Il achève de composer *La Légende des siècles*, dor la première série fut publiée durant son exil en 1859. Les deuxième et troisièm séries de cette épopée de l'humanité paraissent successivement en 1877 et 1883

• Hugo meurt le 22 mai 1885. Ses funérailles sont nationales, grandioses, au term desquelles il est inhumé au Panthéon.

La place de *Pauca meæ* dans *Les Contemplations*

DES CHÂTIMENTS AUX CONTEMPLATIONS

• À Jersey où il s'est exilé depuis le 1er août 1852, Hugo ne pense qu'à poursuivre son combat contre Napoléon III, qu'il surnomme ironiquement « Napoléon-le-Petit » et en qui il voit un tyran. Il imagine alors d'écrire *Les Contemplations d'Olympio* – Olympio étant le double du poète apparu dans *Les Rayons et les Ombres* (1840 ; « Tristesse d'Olympio », XXXIV). Dans son esprit, l'ouvrage devait comporter deux parties : la première, intitulée « Autrefois », purement lyrique ; et la seconde, « Aujourd'hui », très politique, vilipendant Napoléon III et son régime.

• Ce projet, Hugo le modifie très vite. Dès novembre 1853 paraissent *Les Châtiments*, un brûlot contre l'Empereur. C'est en somme la version, désormais autonome, de la seconde partie primitivement envisagée pour les *Contemplations d'Olympio*. Hugo quitte Jersey pour Guernesey le 31 octobre 1855. Un an plus tard, le 23 octobre 1856, paraissent *Les Contemplations*. Moins ouvertement politiques et moins satiriques, *Les Contemplations* n'en demeurent pas moins comme *Les Châtiments* une œuvre de l'exil, et de même genèse.

LES CONTEMPLATIONS, UNE AUTOBIOGRAPHIE POÉTIQUE

• L'ouvrage continue de se structurer en deux parties : « Autrefois » et « Aujourd'hui ». Couvrant les années 1830 à 1843, les 77 poèmes répartis dans les trois « livres » d'« Autrefois » évoquent le temps du bonheur, de l'ambition, des rêves et des luttes, difficiles mais remportées. Couvrant les années 1843 à 1845, les 70 poèmes, répartis également dans les trois « livres » d'« Aujourd'hui », évoquent le temps du deuil et des épreuves puis la lente renaissance du poète cherchant à contempler « au bord de l'infini » (titre du livre VI) l'au-delà et ses mystères.

• Comme l'écrit d'emblée Hugo dans sa Préface, « vingt-cinq années sont dans ces deux volumes ». *Les Contemplations* sont donc bien une autobiographie. Hugo avait d'ailleurs songé à les appeler *Les Mémoires d'une âme.* Mais il s'agit d'une autobiographie poétique non seulement parce qu'elle se compose exclusivement de poèmes, mais aussi et surtout parce qu'elle est reconstruite et magnifiée par la poésie.

PAUCA MEÆ : LE LIVRE DES DEUILS

• Ces deux parties des *Contemplations*, « un abîme les sépare, le tombeau » (préface). Livre IV du recueil, *Pauca meæ* marque une rupture radicale dans la vie, la pensée et l'œuvre d'Hugo.

• Consacré à la mort de Léopoldine, *Pauca meæ* s'inscrit dans la tradition du tombeau poétique. Pratiqué dès l'Antiquité, le genre est un hommage funèbre rendu à un personnage important, comme si la poésie devait lui assurer une immortalité plus grande que le marbre même du tombeau. La nouveauté tient à ce qu'ici ce tombeau poétique est érigé à la mémoire d'une personne privée.

• *Pauca meæ* témoigne aussi d'un autre deuil, conséquence directe du précédent. Présentant son recueil, Hugo précise que « ce livre doit être lu comme on lirait le livre d'un mort » (préface). La disparition de Léopoldine accable le père au point de vouloir souhaiter mourir ; il brise aussi la voix du poète. La ligne des points de suspension en dessous de la tragique date du « 4 septembre 1843 » (III) et l'interruption du vers 50 du poème « Quand nous habitions tous ensemble… » (VII) illustrent le tarissement de la parole et l'impuissance créatrice.

• *Pauca meæ* porte enfin la marque certes plus discrète mais non moins réelle d'un dernier deuil : celui de la liberté. Les poèmes « Oh ! je fus comme fou » (V) et « Charles Vacquerie » (XVIII) sont tous deux datés de « Jersey, 4 septembre 1852 ». Jersey, c'est le lieu de l'exil, parce que la liberté a disparu en France.

La structure de *Pauca meæ*

Pauca meæ *compte dix-huit poèmes et non dix-sept. Il faut en effet compter comme poème la date du « 4 septembre 1843 », suivie de sa ligne en pointillé. Hugo le fait figurer pour dire son impossibilité d'écrire sous la violence du malheur qui le frappe. Ce poème, en forme de non poème, est celui du désespoir absolu.*

L'ORGANISATION GÉNÉRALE

Léopoldine, incarnation de l'« Innocence » et de l'amour	Poème I « Pure Innocence !... »	Destinée de Léopoldine de la terre au ciel, une « trace qui nous enseigne » (v. 33)	9 quatrains octosyllabiques	Rimes croisées (ABAB) alternant rimes féminines et rimes masculines
	Poème II « 15 février 1843 »	Jour du mariage de Léopoldine ; bonheur de la mariée et « regret » du père voyant partir sa fille	2 quatrains en alexandrins	Rimes embrassées (ABBA), masculines puis féminines
Le choc, la douleur et la stupeur	Poème III « 4 septembre 1843 »	Jour de la noyade de Léopoldine. Hugo littéralement muet de douleur		
Le désespoir et la révolte contre Dieu	Poème IV « Trois ans après »	La mort, naguère de sa mère et maintenant de sa fille, accable Hugo au point de vouloir mourir à son tour. Pourquoi Dieu permet-il de tels malheurs ? Hugo renonce à tout, même à son rôle de poète guidant les hommes	32 quatrains octosyllabiques	Rimes croisées alternativement féminines et masculines
	Poème V « Oh ! je fus comme fou... »	Retour sur le jour tragique, qui vit son esprit chanceler	1 strophe de 16 vers plus un quatrain, soit 20 vers, tous des alexandrins	Rimes plates (AABBCC) tour à tour masculines et féminines

Hugo à la recherche des temps heureux	Poème VI « Elle avait pris ce pli… »	L'enfance radieuse de Léopoldine comme pour entretenir le culte du souvenir	1 strophe de 26 alexandrins	Rimes plates, masculines puis féminines
	Poème VII « Quand nous habitions tous ensemble… »	L'enfance de Léopoldine	13 quatrains octosyllabiques	Rimes croisées, féminines puis masculines
	Poème VIII « Elle était pâle… »	L'enfance de Léopoldine	10 quatrains octosyllabiques	Rimes croisées, féminines puis masculines
	Poème X « Ô souvenirs !… »	L'enfance de Léopoldine	13 quatrains octosyllabiques	Rimes croisées, féminines puis masculines
L'interrogation philosophique et métaphysique : qu'est-ce que la vie ? qu'est-ce que l'homme ?	Poème IX « À qui donc sommes-nous ?… »	La mort possède-t-elle un sens et lequel ?	4 sizains composés chacun de 2 alexandrins, 1 hexasyllabe, de 2 alexandrins et 1 hexasyllabe	Rimes alternativement féminines et masculines (AABCCB)
	Poème XI « Pendant que le marin… »	Comment scruter l'« abîme obscur » (v. 8) de la mort ?	2 quintils en alexandrins	Rimes tour à tour féminines et masculines (ABBAB)
	Poème XII « On vit, on parle, on a le ciel et les nuages… »	Poème composé le jour de l'enterrement de la fille de Juliette Drouet. Rapidité et fragilité de l'existence : « Tout vient et passe » (v. 18)	1 strophe de 20 alexandrins	Rimes plates, féminines puis masculines
	Poème XIII « À quoi songeaient les deux cavaliers dans la forêt »	Dialogue entre le « Je » hugolien et son double, Hermann ; l'image du déchirement intime du poète, partagé entre scepticisme et croyance en une survie de l'âme	6 sizains, alternativement composés de 5 alexandrins et d'1 octosyllabe puis de 6 alexandrins	Rimes féminines puis masculines (AABCCB)

	Poème XIV « Veni, vidi, vixi »	Tentation de la mort (« J'ai bien assez vécu », v. 1)	8 quatrains en alexandrins	Rimes embrassées, masculines puis féminines
	Poème XV « Demain, dès l'aube… »	Pèlerinage anniversaire sur la tombe de Léopoldine et premier rendez-vous mystique (« Je sais que tu m'attends », v. 2)	3 quatrains en alexandrins	Rimes croisées, féminines puis masculines
	Poème XVI « À Villequier »	Acceptation de la souffrance (et non résignation à celle-ci). Le retour à Dieu	40 quatrains alternativement composés de : 4 alexandrins puis 1 alexandrin, 1 hexasyllabe, 1 alexandrin et 1 hexasyllabe	Rimes croisées, féminines puis masculines
De la mort à la renaissance et à la découverte d'une religion d'amour	Poème XVII « Mors » (mot latin signifiant « Mort »)	Personnifiée en « faucheuse » (v. 1), la mort, quel que soit le chagrin qu'elle apporte, n'est pas l'ultime réalité : au bout de la « nuit » (v. 18), il y a le salut, le sourire d'un « ange » portant à Dieu une « gerbe d'âmes » (v. 20)	Une strophe de 20 alexandrins	Rimes plates, masculines puis féminines
	Poème XVIII « Charles Vacquerie »	Hommage du poète à son gendre qui a trouvé la mort en essayant de sauver sa femme. La mort fait entrer le jeune couple dans l'éternité, comme « deux étoiles » (v. 126)	21 sizains composés de 2 alexandrins, d'1 octosyllabe, de 2 alexandrins et d'1 octosyllabe	Rimes sur le modèle AABCCB

UNE RÉORGANISATION SPATIO-TEMPORELLE

1 • Une modification du temps et de l'espace

• Le poème le plus ancien est censé dater de janvier 1843 (« Pure Innocence !... », I) ; le moins ancien de « mars 1854 » (« Mors », XVII). Entre ces deux extrêmes, le classement des poèmes n'obéit à aucune progression chronologique. Si le cinquième est de 1852, le sixième est, lui, de 1846, tandis que le septième indique 1844. De même si le quatorzième est de 1848, le quinzième renvoie à 1847. Le dix-huitième et dernier de 1852 succède à « Mors » de 1854.

• Plus étonnant, ces dates ne correspondent pas toujours à la date de composition réelle des poèmes qui figurent sur le manuscrit. « Demain, dès l'aube... » (XV) n'a pas été écrit le 3 septembre 1847, mais le 4 octobre ; « À Villequier » (XVI) n'est pas du 4 septembre 1847 mais du 24 octobre 1846.

• Les lieux font l'objet d'un même traitement. L'on passe de Jersey, Marine-Terrace (« Oh ! je fus comme fou... », V) à Villequier (« Quand nous habitions tous ensemble... », VII) et de Villequier (« À Villequier », XVI) à de nouveau Jersey (« Charles Vacquerie », XVIII).

2 • Une modification de structure qui fait sens

Cette double réorganisation du temps et de l'espace possède une forte valeu esthétique.

• Passer d'une année à l'autre sans tenir compte de leur déroulement chronolo gique illustre l'état émotionnel du poète et du père, constamment pris entre l remémoration des souvenirs heureux et l'accablement, la douleur et le désespoi Le temps vacille comme parfois l'esprit de Hugo.

• Le 4 septembre étant la date tragique par excellence, dater les poèmes de c jour (4 septembre 1844 (« Quand nous habitions tous ensemble », VII), 1845 (« À qu sommes-nous donc ? », IX), 1846 (« Ô souvenirs !... », X), 1847 (« À Villequier », XVI 1852 (« Oh ! je fus comme fou... », V ; « Charles Vacquerie », XVIII)) traduit la perma nence, dans l'esprit du poète, de l'atroce réalité. Situer l'écriture de plusieur poèmes à « Villequier » (« Quand nous habitions tous ensemble », VII ; « À q sommes-nous donc ?... », IX ; « Ô souvenirs !..., X ; « À Villequier », XVI) relève de l même intention.

• Modifier dates et lieux permet en outre à Hugo de mieux dessiner la progression du recueil ainsi que sa propre évolution. L'épreuve du deuil le fait passer de la détresse la plus grande à l'acceptation de la mort et de la souffrance, même si toutes deux demeurent incompréhensibles à l'homme, enfin à la certitude d'une survie de l'âme et d'un bonheur éternel (« Charles Vacquerie », XVIII).

• Si *Pauca meæ* possède une évidente dimension autobiographique, ce n'est pas pour autant un journal intime. Livre IV des *Contemplations*, la section s'insère dans un ensemble plus vaste ; de là, ces modifications spatio-temporelles qui revêtent une valeur symbolique et esthétique.

La figure du poète

UN PÈRE BRISÉ PAR LE CHAGRIN

1 • Accablé par une infinie souffrance

• « Oh ! je fus comme fou… » (V, v. 1) : la nouvelle de la mort de sa fille foudroie Hugo. « Trois jours » durant, le voici qui pleure « amèrement » (v. 2). La réalité est si horrible qu'il refuse même de l'admettre : « c'était impossible enfin qu'elle fût morte » (v. 15).

Je verrai cet instant jusqu'à ce que je meure,
 L'instant, pleurs superflus !
Où je criai : L'enfant que j'avais tout à l'heure,
 Quoi donc ! je ne l'ai plus !
(« À Villequier », XVI, v. 133-136)

• Son esprit vacille au point d'entendre sa fille tourner la clé dans la serrure : « Attendez ! elle vient ! laissez-moi, que j'écoute » (« Oh ! je fus comme fou… », IV, v. 19). Trois ans après, la douleur ne s'est pas apaisée : le père demeure « terrassé par le sort » (« Trois ans après », v. 2, IV).

2 • Tenté par le désir d'en finir

• Son désir de mourir est immédiat : « Je voulais me briser le front sur le pavé » (« Oh ! je fus comme fou… », V, v. 6). Mourir devient durablement son vœu le plus cher : « Il est temps que je me repose », écrit-il en 1846 (« Trois ans après », IV, v. 1) ; et, en 1848, « J'ai bien assez vécu » (« Veni, vidi, vixi », XIV, v. 1). Le père n'a pas la force de survivre à sa fille, tant il lui paraît contre nature que des parents enterrent leurs enfants. S'il ne meurt pas physiquement, il meurt psychologiquement, désormais indifférent à ce qui l'entoure :

Je marcherai les yeux fixés sur mes pensées,
Sans rien voir au dehors, sans entendre aucun bruit,
Seul, inconnu, le dos courbé, les mains croisées,
Triste, et le jour pour moi sera comme la nuit.
(« Demain, dès l'aube… », XV, v. 5-8)

• Révolté contre Dieu

• Aussi le père, tout comme le poète, se révolte-t-il dans un premier temps contre Dieu. Comment, en effet, concilier, quand on est croyant, le Mal, la souffrance et la bonté de Dieu ? C'est d'abord une interrogation :

– Est-ce que Dieu permet de ces malheurs sans nom
Qui font que dans le cœur le désespoir se lève – ?
(« Oh ! je fus comme fou... », V, v. 10-11)

• L'interrogation se transforme bientôt en un réquisitoire douloureux et passionné contre la Divinité, plus cruelle qu'aimante : elle devient un « fatal maître » (« Trois ans après », IV, v. 45).

Ces clartés, jour d'une autre sphère,
Ô Dieu jaloux, tu nous les vends !
Pourquoi m'as-tu pris la lumière
Que j'avais parmi les vivants ? (v. 41-45)

4 • Se réfugiant dans ses souvenirs

• Comme pour endormir sa souffrance, le père se réfugie dans ses souvenirs, quand hier était encore le temps du bonheur : « Quand nous habitions tous ensemble/ Sur nos collines d'autrefois » (« Quand nous habitions tous ensemble... », VII, v. 1-2).

• Les poèmes « Quand nous habitions tous ensemble... » (VII), « Elle était pâle... (VIII) et « Ô Souvenirs...» (X) ressuscitent une Léopoldine enfant, heureuse de vivre et faisant la joie de son père. Mais ces souvenirs constituent un refuge éphémère contre l'absence de l'être adoré. La voix du père finit par se briser à l'évocation du « doux ange aux candides pensées » (v. 49) : « Elle était gaie en arrivant... – » (« Quand nous habitions tous ensemble... », VII, v. 50).

Celui-ci ne peut achever sa phrase. En ravivant ce bonheur envolé, les souvenirs rendent la perte encore plus insupportable.

UN POÈTE ENTRE DÉSESPOIR ET DÉMISSION

1 • De l'aphasie à une lente renaissance

• Le poète n'est pas moins atteint que le père. En la circonstance, le « je » hugolien ne les distingue pas l'un de l'autre. Le 4 septembre 1843 (« 4 septembre 1843 », III, jour de la tragédie, le poète ne peut littéralement rien écrire, comme l'indique la ligne de pointillés. De ce silence poétique, celui-ci ne sort que lentement : un seul poème date de 1844 (« Quand nous habitions tous ensemble... », VII) et un autre de 1845 (« À qui donc sommes-nous ?... », IX). Ce n'est qu'à partir de 1846 que le poète renoue avec son art (« Elle était pâle... », VIII ; « Ô souvenirs... », X ; et « On vit, o parle… », XII). Trois autres poèmes datent de l'année suivante (« Pendant que le marin … », XI ; « Ô souvenirs… », X ; et « À Villequier », XVI) ; c'est ensuite un poème par an : le poème « Veni, vidi, vixi » (XIV) en 1848, « Charles Vacquerie » (XVIII) en 1852, « À quoi songeaient les deux cavaliers dans la forêt » (XIII) en 1853 et « Mors » (XVII) en 1854.

2 • La disparition d'une muse

• C'est que Léopoldine ne faisait pas seulement la joie de son père, elle était aussi sa muse enfantine, même si elle ne s'en rendait pas vraiment compte : « Rien qu'en [l']aimant, elle savait [l']aider » (IV, « Trois ans après », v. 30). Pour elle, sa sœur et ses deux frères, le poète improvisait, se faisait conteur :

> J'étais l'Arioste et l'Homère
> D'un poëme éclos d'un seul jet
> (« Ô souvenirs !… », X, v. 45-46)

• Par sa simple présence, Léopoldine favorisait sa création. Hugo lui attribue même la plus belle part de son inspiration quand sur

> […] mainte page blanche entre ses mains froissée
> Où, je ne sais comment, venaient mes plus doux vers.
> (« Elle avait pris ce pli… », VI, v. 12-13)

Avec la mort de Léopoldine, c'est sa capacité créatrice qui disparaît.

3 • Le refus d'assumer son rôle de poète

• Comme le père appelle la mort de ses vœux, le poète renonce à sa mission. Hugo s'en est toujours fait une très haute idée. Le poète se doit d'éclairer les hommes, de les conduire vers un avenir plus radieux, de leur dévoiler les mystères de l'Invisible. Il est un guide, voire un prophète, car « tout penseur suit un but profond » (« Trois ans après », IV, v. 90). Mais si la mort de sa fille est le prix à payer pour exercer une telle fonction, Hugo préfère renoncer à l'assumer ! Dieu « […] n'avait qu'à me laisser vivre Avec ma fille à mes côtés » (v. 37-38).

Il est d'ailleurs devenu indifférent aussi bien à la gloire qu'aux railleries et mépris d'autrui (« Veni, vidi, vixi », XIV).

LA NAISSANCE DU POÈTE VOYANT

1 • De la révolte à la réflexion

• Tombeau poétique, *Pauca meæ* est aussi un recueil de sortie du deuil. Du premier au dernier poème, une évolution s'y dessine. Ce sont d'abord des interrogations sur le sens de la vie, sur l'origine du Mal. Tout n'est-il que hasard ? Ou l'homme est-il victime d'une terrible fatalité ?

> À qui donc sommes-nous ? Qui nous a ? Qui nous mène ?
> Vautour fatalité, tiens-tu la race humaine ?
> (« À qui donc sommes-nous ?... », IX, v. 1-2)

En l'absence de réponse, qu'est-ce alors que vivre ?

> Tout vient et passe ; on est en deuil, on est en fête ;
> On arrive, on recule, on lutte avec effort... –
> Puis, le vaste et profond silence de la mort !
> (« On vit, on parle... », IX, v. 18-20)

Progressivement les interrogations se font ainsi méditation sur la destinée et la condition humaine.

2 • L'acceptation du mystère

• Au réquisitoire contre Dieu que constitue « Trois ans après » (IV) s'oppose la soumission à l'ordre divin, contenue dans « À Villequier » (XVI), car

> Nous ne voyons jamais qu'un seul côté des choses ;
> L'autre plonge en la nuit d'un mystère effrayant.
> L'homme subit le joug sans connaître les causes.
> Tout ce qu'il voit est court, inutile et fuyant (v. 41-44)

• À la révolte et au blasphème répondent donc la foi en Dieu et la soumissio à ses volontés. *Pauca meæ* proclame la défaite de la mort et la victoire de l vie :

> Je dis que le tombeau qui sur les morts se ferme
> Ouvre le firmament ;
> Et que ce qu'ici-bas nous prenons pour le terme
> Est le commencement (v. 29-32)

Les deux derniers poèmes témoignent en effet d'une sérénité retrouvée, comm par exemple dans ce vers, dans lequel Hugo s'adresse à sa fille et à son gendre

« Vivez ! aimez ! ayez les bonheurs infinis » (« Charles Vacquerie, XVIII, v. 121) Hugo comprend que la mort n'est plus l'ultime et profond sommeil.

3 • Vers la voyance

• Ce mystère, le poète commence dès lors à le scruter, même s'il sait bien qu'il n'arrivera jamais à le percer. Le poème « Mors » (XVII) prend la forme d'un rêve ou d'une révélation : « Je vis cette faucheuse. Elle allait dans son champ » (v. 1). Sans nier les ravages et les douleurs que celle-ci suscite, le poète aperçoit une autre réalité :

> Tout était sous ses pieds deuil, épouvante et nuit.
> Derrière elle, le front baigné de douces flammes,
> Un ange souriant portait la gerbe d'âmes (v. 18-20)

• En quelques mots et vers, Hugo dépeint une humanité en marche par-delà la mort vers la paix et l'éternité. Le dernier poème voit la transfiguration de Léopoldine et de son mari en « anges » (v. 122), en « esprits purs » (v. 115),

> Dans l'éternel baiser de deux âmes que Dieu
> Tout à coup change en deux étoiles ! »
> (« Charles Vacquerie », XVIII, v. 125-126)

Ce poète qui commence à scruter le ciel et l'au-delà de l'horizon sera surtout celui de la *Légende des siècles*, qui verra ce que nul autre ne voit.

Un recueil lyrique

L'EXPRESSION D'UNE SUBJECTIVITÉ

1 • L'omniprésence du « je » hugolien

• Le lyrisme est intimement lié à la première personne, à un sujet individuel qui choisit de parler de lui, de ses pensées et émotions. Plus qu'aucun autre livre des *Contemplations*, *Pauca meæ* est le recueil du « je ». Tous les poèmes lui donnent explicitement la parole. Aucune narration ne campe un personnage différent. Un « Hermann » apparaît bien dans « À quoi songeaient les deux cavaliers dans la forêt » (XIII), mais il est le double du poète, comme Olympio l'était dans *Les Rayons et les Ombres* (1840). Hugo parle, et parle seul, il se confie, crie sa souffrance, livre ses pensées : il met son âme à nu.

2 • Une voix unique, mais non solitaire

• Aussi le lyrisme fait-il entendre une voix qui, pour être singulière, ne se réduit pas pour autant à un monologue. Le « je » hugolien dialogue, interpelle voire invective. Tour à tour il s'adresse à sa fille (« Pure Innocence !... », I ; « « 15 février 1843 », II ; « Ô souvenirs ! printemps ! aurore !... », X ; « Demain, dès l'aube... », XV), à Charles Vacquerie (« Charles Vacquerie », XVIII), très souvent à Dieu (« Trois ans après », IV ; « Veni, vidi, vixi », XIV ; « À Villequier », XVI), parfois à lui-même (« À qui donc sommes-nous ?... », IX ; « Pendant que le marin... », XI ; « On vie, on parle, on a le ciel et les nuages... », XII ; « Mors », XVII). Le lyrisme n'est pas ignorance des autres, mais échange, conversation, réels ou fictifs, avec autrui.

3 • Une voix qui devient celle des autres

• Tout en dévoilant l'intimité souffrante du père et du poète (→ FICHE 2, p. 113), plusieurs poèmes atteignent à l'universel : le chagrin d'un seul exprime le chagrin de tous ceux qui ont vécu la même expérience :

> Pères, mères, dont l'âme a souffert ma souffrance,
> Tout ce que j'éprouvais, l'avez-vous éprouvé ?
> (« Oh ! je fus comme fou... », V, v. 4-5)

• La récurrence du pronom indéfini « on » dans le poème « On vit, on parle, on a le ciel et les nuages... » (XII) a valeur généralisatrice :

On se sent faible et fort, on est petit et grand ;
On est flot dans la foule, âme dans la tempête ;
Tout vient et passe ; on est en deuil, on est en fête (v. 16-18)

« On », c'est Hugo, et c'est tout un chacun. Ne déclarait-il pas dans sa préface aux *Contemplations* : « Ma vie est la vôtre, votre vie est la mienne, vous vivez ce que je vis [...] Ah ! insensé, qui crois que je ne suis pas toi ! »

4 • Lyrisme, rythme et musique

• À ses origines, le lyrisme désignait une poésie chantée, accompagnée à la lyre (d'où son nom). Si les poèmes de *Pauca meæ* ne sont naturellement pas chantés, ils ne s'en rapprochent pas moins du chant. La voix qui s'en élève connaît diverses inflexions. Des quatrains succèdent à des quintils, à des sizains, à des strophes de vingt vers. Les mètres utilisés sont également variés : ici ce sont des alexandrins, là des hexasyllabes, ailleurs des octosyllabes (→ FICHE 1, p. 107). Coupes, rejets ou enjambements modifient fréquemment les rythmes. Ainsi ces deux premiers vers de « Mors » (XVII), dont le premier est parfaitement coupé en deux et le second fort peu

Je vis cette faucheuse.//Elle était dans son champ.
Elle allait à grands pas moissonnant et fauchant (v. 1-2)

DES THÈMES PROFONDÉMENT LYRIQUES

1 • La perte d'un être cher

• La disparition d'un être aimé est un thème traditionnel du lyrisme romantique que, par exemple, on trouvait déjà chez Lamartine (*Méditations poétiques*, 1820 « Le Lac »). *Pauca meæ* lui redonne cependant une intensité bouleversante, parc que ce thème n'est plus seulement littéraire mais parce qu'il est l'expressio d'une souffrance et d'un malheur réels. Aussi le registre qui domine le recueil es tout naturellement celui du pathétique. En même temps Hugo redonne toute s force au genre de l'élégie (« *elegos* » signifiant en grec « plainte »).

2 • Le souvenir et la nostalgie

• Lyrique est également la recherche des temps heureux, du bonheur qui s'es enfui. Trois poèmes évoquent l'enfance de Léopoldine : « Quand nous habitions tou ensemble... » (VII), « Elle était pâle... » (VIII), « Ô souvenirs ! printemps ! aurore !... (X). Comme si Hugo confiait à ses vers le soin de retenir le passé.

Oh ! je l'avais, si jeune encore,
Vue apparaître en mon destin !
C'était l'enfant de mon aurore,
Et mon étoile du matin !
(« Quand nous habitions tous ensemble... », VII, v. 33-36)

• Plusieurs émotions et sentiments naissent de ces évocations : le bonheur, mais disparu à jamais, la nostalgie d'un temps qui ne reviendra plus et, par contrecoup, la souffrance, l'horreur incompréhensible de la perte.

3 • La communion avec la nature

• Le souvenir est souvent associé à la nature, bienveillante, accueillante, comme si, loin d'être un égoïste repli sur soi, le bonheur engendrait une harmonie avec le monde. La structure du poème « Quand nous habitions tous ensemble... » (VII) est à cet égard significative. Dans presque chaque quatrain, deux vers sont consacrés à l'entente du père et de la fille et deux autres à la nature :

Elle avait dix ans, et moi trente ;
J'étais pour elle l'univers.
Oh ! comme l'herbe est odorante
Sous les arbres profonds et verts. (v. 5-8)

4 • L'irruption du surnaturel

• Le lyrisme possède fréquemment une dimension religieuse. S'interrogeant sur la fragilité de la destinée humaine, sur le sens que peut possiblement revêtir la souffrance, Hugo en appelle à la Divinité. *Pauca meæ* dessine un itinéraire spirituel :

Pendant que le marin, qui calcule et qui doute,
Demande son chemin aux constellations ; [...]
Moi, je cherche autre chose en ce ciel vaste et pur.
(« Pendant que le marin... », XI, v. 1-7)

• Passant de l'abattement à la révolte, Hugo entrevoit progressivement une lueur au fond de son désespoir. Il acquiert la certitude que la mort n'est pas la fin de tout, mais la porte d'entrée dans une éternité heureuse (→ FICHE 2, p. 117).

UN RECUEIL CLÉ

1 • Dans l'évolution d'Hugo

• *Les Contemplations*, dont *Pauca meæ* ouvre la seconde partie (→ REPÈRE 3, p. 105), marquent un tournant dans la vie et l'œuvre poétique d'Hugo. C'est un adieu à sa jeunesse, à ses idéaux poétiques et politiques. Avec *Pauca meæ* s'ouvre le temps des souffrances intimes, des déceptions, du vieillissement. Ce temps qui passe, qui dégrade, qui déchire et qui est lui aussi au cœur du lyrisme, modifie l'idée qu'Hugo se faisait jusque-là de la poésie et de son rôle. « Contemplations » : le mot suggère une concentration une tension de l'esprit qui s'applique à scruter le fond des choses, à comprendre l'ultime raison de ce qui est. Le livre VI qui clôt *Les Contemplations* s'intitule significativement « Au bord de l'infini ». Après 1856, Hugo s'oriente vers un autre type de poésie où, comme dans *La Légende des siècles*, le surnaturel sera de plus en plus présent. Il évoluera vers la voyance (→ FICHE 2, p. 116), une évolution qui commence à se faire jour précisément dans *Pauca meæ*.

2 • Dans l'évolution plus générale de la poésie

• En 1856, le Romantisme s'essouffle. Des aspirations nouvelles se manifestent. Un an plus tard, en 1857, Baudelaire publie ses *Fleurs du mal*, qui font entrer la modernité dans l'univers poétique, mais qui font aussi du poète un explorateur du gouffre, de l'infini ou, comme il le dit lui-même, de l'« Inconnu ». *Les Contemplations* s'inscrivent dans ce mouvement plus vaste de la poésie, dont elles ne sont certes pas à l'origine, mais dont elles sont comme le prélude.

Survivre à la mort d'un enfant

Perdre un enfant est pour des parents une tragédie sans nom, dont ils se remettent difficilement, voire jamais. C'est apparemment contraire à l'ordre naturel qui voit en principe les enfants enterrer leurs parents et non l'inverse. C'est aussi un scandale pour l'esprit : qui peut comprendre, expliquer ou justifier la mort d'un enfant, innocent par définition ? Au pathétique de la souffrance s'ajoutent ainsi le tragique des interrogations religieuses, philosophiques ou politiques.

DOCUMENT 1

PLUTARQUE, *Consolation de Plutarque à sa femme [Timoxène au sujet de la mort de leur fille]* (Ier siècle) d'après la traduction, modernisée, d'Estienne de La Boétie, 1571

L'Antiquité inventa le genre littéraire de la « consolation » qui, comme son nom l'indique, était destinée à réconforter des parents endeuillés et à leur redonner, si possible, des raisons de vivre. Historien et moraliste grec du premier siècle de notre ère, Plutarque apprit le décès de sa fille alors qu'il était en voyage. Il écrit aussitôt à sa femme pour l'exhorter à ne pas sombrer dans un désespoir qui ne ferait qu'aggraver leur malheur.

En cette douleur, maintiens-toi, et pour toi et pour moi, dans les termes du devoir. De mon côté, je mesure et comprends combien notre malheur est grand. Mais si je trouve à mon retour que tu te tourmentes outre mesure, cela certes me troublera encore plus que ce malheur lui-même. Non que je sois de bois ou de pierre : tu le sais bien, toi qui m'as toujours assisté pour nourrir le grand nombre d'enfants que nous avons eus, que nous avons élevés et entretenus. Et je sais bien qu'après avoir eu quatre fils, tu avais grandement désiré d'avoir une fille. Elle naquit et me donna l'occasion de lui donner ton nom. Et je vois bien aussi que notre amour de parents s'accroît au souvenir de sa spontanéité et naïveté, elle qui ne savait ni se mettre en colère ni se plaindre. On voyait en elle une nature admirable, paisible, douce et égale. L'amour qu'elle rendait à ceux qui l'aimaient et la reconnaissance qu'elle avait envers ceux qui lui faisaient quelque bien faisaient plaisir à voir et témoignaient d'un naturel humain et heureux. [...] Or, ma femme, je ne vois pas pourquoi toutes ces qualités qui nous plaisaient quand elle vivait nous affligeraient maintenant quand nous nous souviendrions d'elle. Je crains qu'en voulant chasser la douleur, nous ne chassions aussi nos souvenirs. [...] La nature fuit volontiers ce qui

REPÈRES | FICHES | DOCUMENTS | OBJECTIF BAC

l'afflige. Aussi, de même que nous éprouvions tous les plaisirs du monde à la voir et à l'entendre, de même devons-nous conserver d'elle un souvenir qui nous procure plus de joie que de peine. Il faut donc que nous entretenions ces souvenirs heureux plutôt que de nous lamenter et d'augmenter ainsi notre peine et nos regrets.

DOCUMENT 2

FRANÇOIS DE MALHERBE, *Consolation à Monsieur du Périer sur la mort de sa fille* (1598)

Pour son ami du Périer qui vient de perdre sa fille Marguerite, Malherbe, qui a lui-même perdu un fils, compose cette « consolation » dans laquelle il l'exhorte à surmonter sa douleur. Il n'y a rien en effet d'autre à faire qu'accepter la finitude de notre humaine condition et se soumettre aux volontés divines.

Ta douleur, Du Périer, sera donc éternelle,
Et les tristes discours
Que te met en l'esprit l'amitié[1] paternelle
L'augmenteront toujours !

Le malheur de ta fille au tombeau descendue
Par un commun trépas,
Est-ce quelque dédale[2] où ta raison perdue
Ne se retrouve pas ?

Je sais de quels appas son enfance était pleine,
Et n'ai pas entrepris,
Injurieux ami, de soulager ta peine
Avecque[3] son mépris.

Mais elle était du monde, où les plus belles choses
Ont le pire destin,
Et rose elle a vécu ce que vivent les roses,
L'espace d'un matin. [...]

1. Amitié : au sens fort d'amour.
2. Dédale : labyrinthe.
3. Avecque : vielle graphie pour « avec ».

C'est bien, je le confesse, une juste coutume
Que le cœur affligé,
Par le canal des yeux vidant son amertume,
Cherche d'être allégé. [...]

Mais d'être inconsolable, et dedans sa mémoire
Enfermer un ennui[1],
N'est-ce pas se haïr pour acquérir la gloire
De bien aimer autrui ? [...]

La Mort a des rigueurs à nulle autre pareilles ;
On a beau la prier,
La cruelle qu'elle est se bouche les oreilles
Et nous laisse crier.

Le pauvre en sa cabane, où le chaume le couvre
Est sujet à ses lois,
Et la garde qui veille aux barrières du Louvre
N'en défend point nos rois.

De murmurer contre elle, et perdre patience,
Il est mal à propos ;
Vouloir ce que Dieu veut est la seule science
Qui nous met en repos.

DOCUMENT 3

VICTOR HUGO, « Oh ! je fus comme fou ... », *Pauca meæ* (1856) ♦ V, p. 19.

Ce célèbre poème du recueil décrit toutes les réactions d'un père venant d'apprendre la mort de sa fille : le désespoir absolu, la tentation du suicide, la révolte contre Dieu, l'impossibilité de croire à l'affreuse réalité, le chancellement de l'esprit.

1. **Ennui** : au sens fort de désespoir.

DOCUMENT 4

VICTOR HUGO, « Souvenir de la nuit du quatre », *Les Châtiments* (1853)

Le 2 décembre 1851, Louis-Napoléon Bonaparte, neveu de Napoléon Ier et président de la République depuis 1848, organise un coup d'État. Des Parisiens se soulèvent, organisent la résistance. Parmi eux se trouve Hugo qui assiste, deux jours plus tard, à la mort d'un enfant tué par la police. Seul un tyran est, à ses yeux, capable de commettre un tel crime. Hugo s'exilera et composera Les Châtiments, *brûlot contre le nouveau régime qui se met en place : celui du Second Empire de Napoléon III.*

L'enfant avait reçu deux balles dans la tête. [...]
La nuit était lugubre ; on entendait des coups
De fusil dans la rue où l'on en tuait tant d'autres.
– Il faut ensevelir l'enfant, dirent les nôtres[1].
Et l'on prit un drap blanc dans l'armoire en noyer.
L'aïeule[2] cependant s'approchait du foyer
Comme pour réchauffer ses membres déjà roides[3].
Hélas ! ce que la mort touche de ses mains froides
Ne se réchauffe plus aux foyers d'ici-bas !
Elle pencha la tête et lui tira ses bas,
Et dans ses vieilles mains prit les pieds du cadavre.
– Est-ce que ce n'est pas une chose qui navre[4] !
Cria-t-elle ; monsieur, il n'avait pas huit ans !
Ses maîtres, il allait en classe, étaient contents.
Monsieur, quand il fallait que je fisse une lettre,
C'est lui qui l'écrivait. Est-ce qu'on va se mettre
À tuer les enfants maintenant ? Ah ! mon Dieu !
On est donc des brigands ? Je vous demande un peu,
Il jouait ce matin, là, devant la fenêtre !
Dire qu'ils m'ont tué ce pauvre petit être !
Il passait dans la rue, ils ont tiré dessus.
Monsieur, il était bon et doux comme un Jésus.
Moi je suis vieille, il est tout simple que je parte ;
Cela n'aurait rien fait à monsieur Bonaparte
De me tuer au lieu de tuer mon enfant !

1. Les nôtres : ceux qui se révoltent contre le coup d'État du Prince-Président
2. Aïeule : grand-mère.
3. Roides : raides.
4. Qui navre : qui blesse profondément.

DOCUMENT 5

JULES VALLÈS, *L'Enfant* ♦ chapitre XIX (1879)

Journaliste, romancier et révolutionnaire, Jules Vallès aborde le cas des enfants martyrs. Son roman fit scandale à sa parution : on lui reprocha de vouloir détruire la famille. Ce qui nous paraît aujourd'hui bien plus scandaleux, c'est le cas de ces parents qui maltraitent leurs propres enfants, souvent d'ailleurs parce qu'ils ont eux-mêmes été maltraités durant leur propre enfance.

Mon cœur a reçu bien des blessures, j'ai versé bien des larmes ! j'ai cru que j'allais mourir de tristesse plus d'une fois, mais jamais je n'ai eu devant l'amour, la défaite, la mort, des affres de douleur, comme au temps où l'on tua Louisette devant moi.

Cette enfant, qu'avait-elle donc fait ? On avait raison de me battre, moi, parce que, quand on me battait, je ne pleurais pas, – je riais quelquefois même parce que je trouvais ma mère si drôle quand elle était bien en colère, – j'avais des os durs, du *moignon*[1], j'étais un homme.

Je ne criais pas, pourvu qu'on ne me cassât pas les membres, – parce que j'aurais besoin de gagner ma vie.

« Papa, je suis un pauvre, ne m'estropie pas ! »

Mais la mignonne qu'on battait, et qui demandait pardon, en joignant ses menottes, en tombant à genoux, se roulant de terreur devant son père qui la frappait encore… toujours !…

« Mal, mal ! Papa, papa ! »

Elle criait comme j'avais entendu une folle de quatre-vingts ans crier en s'arrachant les cheveux, un jour qu'elle croyait voir quelqu'un dans le ciel qui voulait la tuer !

Le cri de cette folle m'était resté dans l'oreille, la voix de Louisette, folle de peur aussi, ressemblait à cela !

« Pardon, pardon ! »

J'entendais encore un coup ; à la fin je n'entendais plus rien, qu'un bruit étouffé, un râle.

Une fois je crus que sa gorge s'était cassée, que sa pauvre petite poitrine s'était crevée, et j'entrai dans la maison.

Elle était à terre, son visage tout blanc, le sanglot ne pouvant plus sortir, dans une convulsion de terreur, devant son père froid, blême, et qui ne s'était arrêté que parce qu'il avait peur, cette fois, de l'achever.

On la tua tout de même. Elle mourut de douleur à dix ans.

---

1. **Moignon** : des membres solides.

DOCUMENT 6

ALBERT CAMUS, *La Peste* (1947) ♦ IV, © Éditions Gallimard

La peste ravage depuis des mois la ville d'Oran. Le docteur Rieux met tous ses espoirs dans un vaccin. Encore faut-il en vérifier l'efficacité. On l'expérimente sur un enfant, de toute façon condamné à court terme. Autour de Rieux se tiennent deux autres personnages : Tarrou, qui aide le docteur dans son combat contre le fléau, et le père Paneloux, qui s'efforce de concilier la confiance en la bonté de Dieu et la souffrance humaine. Depuis Voltaire et le XVIIIe *siècle, la mort de l'enfant innocent constitue l'objection majeure en l'existence d'une Providence.*

Ils avaient déjà vu mourir des enfants puisque la terreur, depuis des mois, ne choisissait pas, mais ils n'avaient jamais encore suivi leurs souffrances minute après minute, comme ils le faisaient depuis le matin. Et, bien entendu, la douleur infligée à ces innocents n'avait jamais cessé de leur paraître ce qu'elle était en vérité, c'est-à-dire un scandale. Mais jusque-là du moins, ils se scandalisaient abstraitement, en quelque sorte, parce qu'ils n'avaient jamais regardé en face, si longuement, l'agonie d'un innocent.

Justement l'enfant, comme mordu à l'estomac, se pliait de nouveau, avec un gémissement grêle. Il resta creusé ainsi pendant de longues secondes, secoué de frissons et de tremblements convulsifs, comme si sa frêle carcasse pliait sous le vent furieux de la peste et craquait sous les souffles répétés de la fièvre. La bourrasque passée, il se détendit un peu, la fièvre sembla se retirer et l'abandonner, haletant, sur une grève humide et empoisonnée où le repos ressemblait déjà à la mort. Quand le flot brûlant l'atteignit à nouveau pour la troisième fois et le souleva un peu, l'enfant se recroquevilla, recula au fond du lit dans l'épouvante de la flamme qui le brûlait et agita follement la tête, en rejetant sa couverture. De grosses larmes, jaillissant sous les paupières enflammées, se mirent à couler sur son visage plombé, et, au bout de la crise, épuisé, crispant ses jambes osseuses et ses bras dont la chair avait fondu en quarante-huit heures, l'enfant prit dans le lit dévasté une pose de crucifié grotesque. [...]

– Il n'y a pas eu de rémission matinale, n'est-ce pas, Rieux ?

Rieux dit que non, mais l'enfant résistait depuis plus longtemps qu'il n'était normal. Paneloux, qui semblait un peu affaissé contre le mur, dit alors sourdement :

– S'il doit mourir, il aura souffert plus longtemps.

La mort d'un enfant : scandale et révolte

| SUJET D'ÉCRIT 1 |

Objet d'étude: La poésie du romantisme au surréalisme • «Écriture poétique et quête de sens»

DOCUMENTS

- **HUGO, *Pauca meæ*** (1856), «Oh ! je fus comme fou... », V → DOC 3, p.125
- **VALLÈS, *L'Enfant*** (1879), XIX → DOC 5, p. 127
- **CAMUS, *La Peste*** (1947), IV → DOC 6, p. 128

QUESTIONS SUR LE CORPUS

1 Quelle est la cause de la mort de l'enfant dans chacun de trois textes ?

2 Quelles questions cette mort soulève-t-elle ?

TRAVAUX D'ÉCRITURE

Commentaire (séries générales)

Vous ferez le commentaire du texte de Camus (DOC 6).

Commentaire (séries technologiques)

Vous ferez le commentaire du poème de Victor Hugo (DOC 3) en vous aidant des pistes de lecture suivantes :
– vous montrerez comment se manifeste la douleur du père ;
– vous préciserez les registres sur lesquels le poète s'exprime.

Dissertation

Pensez-vous que la poésie puisse ou doive aborder les grandes questions de l'existence (la vie, la mort, la souffrance, Dieu...) ?
Vous répondrez à cette question de façon organisée en vous appuyant sur des exemples précis.

Sujet d'invention

Rédigez un court texte expliquant pourquoi la mort d'un enfant paraît choquante.

Sortir du deuil ? | SUJET D'ÉCRIT 2 |

Objet d'étude : La poésie du romantisme au surréalisme • « Écriture poétique et quête de sens ».

DOCUMENTS

- **PLUTARQUE,** ***Consolation à sa femme*** (Ier siècle) → DOC 1, p.123.
- **MALHERBE,** ***Consolation à monsieur du Périer*** (1598) → DOC 2, p. 124.
- **HUGO,** ***Les Châtiments*** (1853), « Souvenir de la nuit du quatre » → DOC 4, p. 126.

QUESTIONS SUR LE CORPUS

1 Quels sont les points communs de ces trois textes ?

2 En quoi ces trois textes sont-ils différents les uns des autres ?

TRAVAUX D'ÉCRITURE

Commentaire (séries générales)

Vous ferez le commentaire du texte de Plutarque (DOC 1).

Commentaire (séries technologiques)

Vous ferez le commentaire du poème de Victor Hugo (DOC 4) en vous aidant des pistes de lecture suivantes :
– la montée du pathétique (expression de la souffrance morale et physique) ;
– la portée politique.

Dissertation

Pensez-vous que la poésie et, plus largement, la littérature puissent consoler d'un malheur ?
Vous répondrez à cette question de façon organisée en vous appuyant sur des exemples précis.

Sujet d'invention

Vous tentez de consoler un(e) ami(e) d'une peine (pas obligatoirement d'un deuil) dans une courte lettre, en prose.

Les deux voies de la connaissance

| SUJET D'ORAL 1 |

• **VICTOR HUGO**, *Pauca meæ*, « Pure Innocence !... », I, p. 9

PROBLÉMATIQUE

Que sait l'homme de sa destinée ? Hugo indique de quelle façon il peut le savoir.

ORGANISATION DU POÈME

Le poème se compose de cinq quatrains, en vers octosyllabiques, aux rimes croisées (ABAB).
Le premier quatrain chante deux qualités majeures, qui sont personnifiées par l'emploi de majuscules : l'Innocence et la Vertu.
Le deuxième quatrain précise leur fonction : ce sont les deux voies de la connaissance.
Le troisième quatrain les montre encadrant l'existence humaine : au « levant » (à la naissance) et au « couchant » (à la mort).
Le quatrième quatrain développe la même idée par une série d'images et de contrastes (« phare »/ « flambeau » ; « berceau »/ « tombeau »).
Le cinquième quatrain livre l'explication : la vie ne s'arrête pas au tombeau mais se poursuit par-delà la mort.

QUESTION

Comment comprendre le vers 5 « Palme du combat Ignorance ! » ?

Pour vous aider à répondre

La « palme » symbolise traditionnellement la victoire. Il peut paraître de prime abord étonnant de l'attribuer au « combat Ignorance ». Hugo veut dire par là que l'Ignorance est une étape obligée, nécessaire pour accéder à Dieu.

COMME À L'ENTRETIEN

1 Quel est le registre principal du poème ?

2 Qu'est-ce qu'une structure en chiasme ? Donnez un exemple.

3 Pourquoi ce poème ouvre-t-il le recueil ?

Un doute existentiel

| SUJET D'ORAL 2 |

• **VICTOR HUGO**, *Pauca meæ*, « À qui donc sommes-nous… », IX, p. 28

PROBLÉMATIQUE

Hugo s'interroge sur l'origine du Mal ? Restant sans réponse satisfaisante, il en vient à envier ceux qui meurent sans connaître la moindre angoisse métaphysique.

ORGANISATION DU POÈME

La structure : quatre sizains hétérométriques, comportant deux alexandrins, un hexasyllabe puis de nouveau deux alexandrins et un hexasyllabe. Les rimes sont sur le modèle AABCCB.

Le premier sizain n'est qu'une interrogation angoissée : l'homme est-il libre ou soumis à des forces qui le dépassent ?

Le deuxième sizain précise l'interrogation : l'homme serait-il le lieu et l'enjeu d'un affrontement entre deux forces ?

Le troisième sizain évoque le manichéisme, selon lequel deux forces, le Bien et le Mal, d'égale intensité, s'affrontent.

Le dernier sizain est une prière à Dieu. Le doute demeurant toutefois, le poète envient ceux qui meurent subitement.

QUESTION

Comment s'exprime l'angoisse du poète ?

Pour vous aider à répondre

Tout le poème est construit sur des séries de phrases interrogatives, à l'exception du quatrième sizain, qui contient une double supplique (à Dieu puis au Sphinx). Les champs lexicaux sont par ailleurs ceux de la crainte, de l'ombre, de « songe horrible ».

COMME À L'ENTRETIEN

1 Que signifie l'opposition de l'ombre et de la lumière ?

2 Que symbolise le Sphinx ?

3 En quoi et pourquoi ce poème possède-t-il des teintes fantastiques ?

Vanité de l'existence

| SUJET D'ORAL 3 |

• **VICTOR HUGO**, *Pauca meæ*, « On vit, on parle, on a le ciel et les nuages… », XII, p. 32

PROBLÉMATIQUE

Hugo décrit l'absurdité de l'existence, tant qu'on n'en connaît pas le sens et tant que la mort reste un mystère.

ORGANISATION DU POÈME

La forme : une strophe de vingt alexandrins, aux rimes plates (AABBCC).

La structure : le poème est bâti sur l'opposition entre les dix-neuf premiers vers et le vingtième, qui en constitue non seulement la fin mais la chute. Ce dernier apporte un contre-éclairage à tout ce qui précède.

Les dix-neuf premiers vers résument les faits et événements de toute existence : l'étude, les plaisirs, la joie, l'amour, la famille, le travail, les engagements et les luttes… et puis, pour finir, soudain, la mort. Quel est dès lors le sens de la vie ? La mort frappe-t-elle d'inanité toutes les actions humaines ?

QUESTION

Pourquoi le poète use-t-il du pronom indéfini « on », alors qu'il dit « je » dans tous les autres poèmes ?

Pour vous aider à répondre

Le pronom indéfini « on » a valeur généralisatrice. L'expérience décrite est ou sera celle de tout un chacun. Même s'il privilégie le « moi », le romantisme prétend à l'universel. Ce poème en est un exemple.

COMME À L'ENTRETIEN

1 De qui parle le poète ?

2 Qu'est-ce qu'un rejet ? Donnez un exemple.

3 Qu'est-ce qu'une allitération ? Donnez un exemple.

Une allégorie macabre | SUJET D'ORAL 4 |

• **VICTOR HUGO**, *Pauca meæ*, « Mors », XVII, p. 48

PROBLÉMATIQUE

Ce poème décrit à la fois la toute-puissance de la Mort et sa défaite finale.

ORGANISATION DU POÈME

La forme : une strophe de vingt alexandrins, aux rimes plates (AABBCC).
La structure : le poème est construit sur l'allégorie de la « faucheuse », allégorie traditionnelle, depuis le Moyen âge, de la Mort qui « fauche » les humains.
Les dix-huit premiers vers décrivent sur le registre pathétique son macabre travail : cris, pleurs, anéantissement des empires et des édifices. Une question relève du registre tragique : « Rends-nous ce petit être./ Pour le faire mourir, pourquoi l'avoir fait naître ? » (v. 11-12).
Les deux derniers vers modifient la perspective de ce tableau macabre : au-delà de la mort est la lumière, l'éternité. L'image de la « gerbe d'âmes » poursuit, en en inversant le sens, l'allégorie de la « faucheuse » du vers 1, comme si le poème se refermait sur lui-même.

QUESTION

En quoi ce poème est-il une vision onirique, une « contemplation » ?

Pour vous aider à répondre

« Je vis » (v. 1) : d'emblée le poème se présente comme une vision, à l'image des prophètes bibliques à qui le surnaturel se manifestait (généralement la nuit, en rêve). Cette vision prend très vite un aspect fantastique, l'humanité entière étant victime de la « faucheuse ».

COMME À L'ENTRETIEN

1 Qu'est-ce qu'une allégorie ? Donnez un exemple.

2 En quoi le poème est-il pictural ?

3 Pourquoi l'ange sourit-il ?

Deuil et bonheur | LECTURE 1 |

• **LOUIS BOULANGER (1806-1867), frontispice des *Contemplations*,** aquarelle, 23 x 14,5 cm, Paris, Maison de Victor Hugo. ph © Agence Bulloz/RMN-Grand Palais → 2e de couverture

Peintre romantique réputé, Louis Boulanger fut aussi graveur et illustrateur, comme en témoigne ce frontispice des *Contemplations*, dans une édition de peu postérieure à l'édition originale. Plusieurs de ses dessins et tableaux se trouvent dans la maison de Victor Hugo, place des Vosges, à Paris.

QUESTIONS

1 Analysez la composition de la gravure (nature et place des motifs).

2 Comment sont représentés le poète puis Léopoldine ?

3 Dans quelle mesure la gravure illustre-t-elle le thème de la « contemplation » et celui de *Pauca meæ* ?

Une posture romantique | LECTURE 2 |

• **CASPAR DAVID FRIEDRICH (1774-1840), *Le Voyageur au-dessus de la mer de nuages* (vers 1818),** huile sur toile, 95 x 75 cm, Hambourg, Kunsthalle. ph © Elke Walford/RMN-Grand Palais → 3e de couverture

Caspar David Friedrich est considéré comme le peintre le plus influent de la poésie romantique allemande. Son tableau le plus célèbre est *Le Voyageur au-dessus de la mer de nuages*.

QUESTIONS

1 Comment est représenté le « voyageur » ?

2 Quels sont les trois plans composant le tableau ?

3 Quels thèmes romantiques ce tableau illustre-t-il ?

Romantisme et orientalisme | LECTURE 3 |

• EUGÈNE DELACROIX (1798-1863), *Femmes d'Alger dans leur appartement* (1834), huile sur toile, 180 x 229 cm, Paris, musée du Louvre.ph © Josse/Leemage
→ cahier Histoire des arts p. I

Dans les années 1830, l'Orient (au sens très large du mot) est à la mode. De nombreux écrivains (dont Gérard de Nerval) et peintres découvrent le Maroc, la Tunisie, l'Algérie, plus tard Rimbaud s'embarquera pour Aden, au Yémen. Accompagnant une mission diplomatique française, le peintre Eugène Delacroix est en Afrique du Nord en 1832-1833. Il en rapporte croquis et dessins, ainsi que des sujets de tableau, dont celui des *Femmes d'Alger*.

QUESTIONS

1 Que représente le tableau ?

2 Qui est le personnage qui se tient debout à la droite du tableau ? Dans quelle attitude est-il ?

3 Comment la lumière met-elle en valeur les trois femmes assises ?

Naissance de l'impressionnisme | LECTURE 4 |

• CLAUDE MONET (1840-1926), *Impression au soleil levant* (peinte en 1872, exposée en 1874), huile sur toile, 48 x 63 cm, Paris, musée Marmottan. ph © Akg-Images
→ cahier Histoire des arts p. II

Depuis 1867, Claude Monet se consacre à la peinture dite « en plein air » (par opposition au travail en atelier). Sa toile *Impression au soleil levant* en est l'exemple le plus célèbre. Elle donne son nom à l'impressionnisme, dont on peut considérer qu'elle en est le manifeste.

QUESTIONS

1 Étudiez la dilution des formes : comment cette dilution est-elle obtenue ?

2 Quelles couleurs prédominent ?

3 Quelles « impressions » naissent de ce tableau ?

Paysage et état d'âme | LECTURE 5 |

• **VINCENT VAN GOGH (1853-1890), *Champ de blé aux corbeaux* (1890)**, huile sur toile, 50,5 x 103 cm, Amsterdam, musée Van Gogh. ph © Akg-Images → cahier Histoire des arts p. III

Le peintre hollandais Vincent Van Gogh travaille alors que l'impressionnisme est sur le déclin ; d'où la qualification de « postimpressionniste » par laquelle on le caractérise parfois. Son *Champ de blé aux corbeaux* est le dernier tableau qu'il ait peint, quelques jours seulement avant qu'il ne se suicide le 29 juillet 1890.

QUESTIONS

1 Quels sont les différents plans de ce tableau ?

2 Qu'y a-t-il d'angoissant dans la représentation du champ de blé ?

3 Qu'y a-t-il de macabre dans la représentation du ciel ?

Le surréalisme en peinture | LECTURE 6 |

• **RENÉ MAGRITTE (1898-1967), *La Lampe philosophique* (1936)**, huile sur toile, 46 x 55 cm, collection privée. © ADAGP, Paris, 2016 – ph © Luisa Ricciarini/ Leemage → cahier Histoire des arts p. IV

René Magritte est, avec Paul Delvaux, le plus célèbre peintre surréaliste belge. De 1927 à 1930, il est à Paris où il se lie avec André Breton et le groupe des poètes surréalistes. Ses tableaux représentent souvent des objets ordinaires mais détournés de leur fonction pratique, ou bien ils confrontent deux objets que l'on ne s'attend pas à voir associés. Il en résulte un choc visuel dont l'humour, parfois noir, n'est pas exclu.

QUESTIONS

1 Comment est représentée la lampe ?

2 Comment est représenté l'homme à la pipe ?

3 Qu'y a-t-il d'insolite dans leur juxtaposition ?

Index des poèmes

Les numéros renvoient aux numéros des poèmes.

Classiques & Cie

78 Laroui
De quel amour blessé

75 Marivaux
Les Acteurs de bonne foi

46 Marivaux
L'Île des Esclaves

12 Marivaux
Le Jeu de l'amour et du hasard
L'Épreuve

30 Maupassant
Bel-Ami

52 Maupassant
Le Horla et autres nouvelles fantastiques

18 Maupassant
Nouvelles

27 Maupassant
Pierre et Jean suivi de **trois nouvelles réalistes**

40 Maupassant
Une vie et autres **récits de destins de femmes**

48 Mérimée
Carmen
Les Âmes du purgatoire

1 Molière
Dom Juan
suivi d'une anthologie sur **le mythe de Don Juan**

19 Molière
L'École des femmes
La Critique de l'École des femmes

25 Molière
Le Misanthrope et autres textes sur **l'honnête homme**

9 Molière
Le Tartuffe ou l'Imposteur
Lettre sur la comédie de l'Imposteur

86 Montaigne
Essais
et autres textes sur **la question de l'homme**

45 Montesquieu
Lettres persanes

81 Musset
Les Caprices de Marianne

10 Musset
Lorenzaccio et autres textes sur **la question politique**

98 Musset
On ne badine pas avec l'amour
suivi d'une anthologie sur **le drame romantique**

35 **La poésie française au XIXe siècle**
(anthologie)

26 Rabelais
Pantagruel
Gargantua

31 Racine
Andromaque suivi d'une anthologie sur **les héroïnes tragiques**

21 Racine
Bérénice

23 Racine
Britannicus

7 Racine
Phèdre

64 Rimbaud
Poésies
(Poésies - Une saison en enfer Illuminations)

37 Rostand
Cyrano de Bergerac
Lettres de Cyrano de Bergerac

79 Rotrou
Le Véritable Saint Genest

69 Shakespeare
Hamlet

72 Shakespeare
Roméo et Juliette

68 Sophocle
Œdipe roi

94 Sophocle/Pasolini
Œdipe roi
avec **20 questions traitées**

32 Stendhal
Le Rouge et le Noir

77 Trouillot
Bicentenaire

67 Verlaine
Poèmes saturniens
Fêtes galantes
Romances sans paroles
suivi d'une anthologie
sur **la poésie symboliste**

84 Vigny
Chatterton

13 Voltaire
Candide ou l'Optimisme
suivi d'une anthologie sur **le conte philosophique**

97 Voltaire
Dialogue du Chapon et de la Poularde et autres dialogues philosophiques
suivi d'une anthologie sur **les valeurs des Lumières**

24 Voltaire
L'ingénu

56 Voltaire
Micromégas et autres contes

33 Voltaire
Zadig

63 Zola
Au Bonheur des Dames

29 Zola
L'Assommoir

85 Zola
La Bête humaine et autres textes
sur **la figure du criminel**

49 Zola
La Curée

76 Zola
La Fortune des Rougon

28 Zola
Germinal

92 Zola
Naïs Micoulin • Nantas
Jacques Damour
L'inondation
La mort d'Olivier Bécaille
suivi d'une anthologie **Du réalisme au naturalisme**

43 Zola
Thérèse Raquin
Un mariage d'amour

PAPIER À BASE DE FIBRES CERTIFIÉES

Hatier s'engage pour l'environnement en réduisant l'empreinte carbone de ses livres. Celle de cet exemplaire est de : 450 g éq. CO_2
Rendez-vous sur www.hatier-durable.fr

Achevé d'imprimer par Grafica Veneta à Trebaseleghe - Italie
Dépôt légal 99749-5/02 - octobre 2016